PABLO PICASSO

后浪出版公司

毕加索

[英] 罗兰·彭罗斯　[澳] 大卫·洛马斯　著

王宴姝　译

湖南美术出版社

全 国 百 佳 图 书 出 版 单 位

图书在版编目（CIP）数据

毕加索 / (英) 罗兰·彭罗斯 (Roland Penrose), (澳) 大卫·洛马斯 (David Lomas) 著；王宴姝译 . —— 长沙：湖南美术出版社，2019.8
ISBN 978-7-5356-8823-1

Ⅰ . ①毕⋯ Ⅱ . ①罗⋯ ②大⋯③王⋯ Ⅲ . ①毕加索 (Picasso, Pablo Ruiz 1881–1973) – 生平事迹 Ⅳ . ① K835.515.72

中国版本图书馆 CIP 数据核字 (2019) 第 117006 号

毕加索
BIJIASUO

出 版 人：黄 啸
著　　者：［英］罗兰·彭罗斯　［澳］大卫·洛马斯
译　　者：王宴姝
出版策划：后浪出版公司
出版统筹：吴兴元
编辑统筹：蒋天飞
特约编辑：喻盼瀛
责任编辑：贺澧沙
营销推广：ONEBOOK
装帧制造：墨白空间·张　萌
出版发行：湖南美术出版社（长沙市东二环一段 622 号）
　　　　　后浪出版公司
印　　刷：北京盛通印刷股份有限公司
　　　　　（亦庄经济技术开发区科创五街经海三路 18 号）
开　　本：635×965　　1/16
字　　数：170 千字
印　　张：8
版　　次：2019 年 8 月第 1 版
印　　次：2019 年 8 月第 1 次印刷
书　　号：ISBN 978-7-5356-8823-1
定　　价：68.00 元

读者服务：reader@hinabook.com 188-1142-1266
投稿服务：onebook@hinabook.com 133-6631-2326
直销服务：buy@hinabook.com 133-6657-3072
网上订购：https://hinabook.tmall.com/（天猫官方直营店）

序言

本书引言的作者，罗兰·彭罗斯（Roland Penrose），被公认为英国研究毕加索最权威的学者。他与毕加索的联系就像一幅立体主义画作——有许多面。

1928 年，彭罗斯与毕加索相遇。1954 年，在准备写传记《毕加索：生活和作品》（*Picasso. His Life and Work*）时，彭罗斯从两人恒久的友谊中得到许多宝贵的见解。举个有趣的例子，彭罗斯曾透露毕加索在一幅肖像画中，把他的阿富汗猎犬——卡斯贝克（Kasbec）的鼻子嫁接到他心爱的情妇朵拉·玛尔（Dora Maar）的脸上。如果人们没有机会直接观察到这两者，就无法发现当中的联系。因为彭罗斯在毕加索职业生涯的后期同其私交甚好，他并没有以当时流行一时的狭隘视角忽略毕加索晚期的作品。

彭罗斯并没有掩饰过他对毕加索的崇敬之情。奇怪的是，尽管如此，他自己的艺术创作却从未受毕加索影响。也许是因为，对于一个在战争期间达到成熟的年轻艺术家来说，毕加索（作为最著名的现代艺术家）更像是一个可望而不可即的偶像，而不是一个可以模仿的艺术家榜样。在涉猎抽象概念之后，彭罗斯开始注意超现实主义，从中他被马克斯·恩斯特（Max Ernst）的作品和个人魅力所吸引。幸运的是，这一次偶然的相遇激发了他的创造力，而不是扼杀——如果他试图模仿毕加索就可能会产生这样的结果。

超现实主义的背景值得一提。毕竟，当彭罗斯遇见毕加索的时候，他或多或少地也已经与超现实主义者站在一起——彭罗斯可以清晰地在毕加索近期作品中看到相关的痕迹。作为一个评论家，彭罗斯对这一超现实主义阶段的写作最为敏锐。他对立体主义诗意而主观的一面十分敏感，同时又能体会到当中理性且需要大脑思考的那面，这多少与超现实主义是分不开的：安德烈·布勒东（André Breton）——他对毕加索的尊重与彭罗斯不相上下——在 1936 年宣称"毕加索是立体主义的超现实主义者"。第二次世界大战结束后，彭罗斯翻译了毕加索一部极具超现实主义风格的戏剧——《被尾巴愚弄的欲望》（*Desire Caught by the Tail*），它于 1950 年在西区的一家剧院上演。

彭罗斯是 1936 年伦敦超现实主义国际展览组织委员会的一员，该次展览中也展出了多幅毕加索的画作。1938 年，《格尔尼卡》（*Guernica*）到了伦敦，彭罗斯在这个过程中起到了重要作用。此后，他在伦敦当代艺术学会（ICA）和艺术委员会（Arts Council）的主办下协助组织了一些毕加索的展览。

能够收藏他所欣赏的艺术品是彭罗斯莫大的荣幸。当泰特美术馆（Tate Gallery）只有三幅毕加索作品的时候，1939 年彭罗斯借了12 幅给伦敦美术馆（London Gallery）英国藏馆举办的一个毕加索展。这些作品大多是从比利时交易商勒内·加夫（René Gaffé）和超现实主义诗人保罗·艾吕雅（Paul Éluard）那里购买来的。但是，这些收藏的精华——《哭泣的女人》——是彭罗斯在画作还未完全干透时就立刻从毕加索那里买下的。

艺术收藏通常是一件私事。然而，《哭泣的女人》现在被挂在泰特美术馆，这是向彭罗斯的公众精神致敬的最佳方式。旁边的《三个舞者》是彭罗斯代表泰特美术馆说服毕加索以低价出售给他们的。值得注意的是，这两幅杰作分别标志着毕加索与超现实主义之间激烈对话的开始与结束。对彭罗斯来说，他的作品能跟毕加索的作品在同一个展厅里展出，是一种莫大的骄傲。

图 1

格尔尼卡

1937 年；布面油彩；
350.5cm×782.3cm；
普拉多博物馆，马德里

引言

在本世纪（指 20 世纪）艺术发展中占主导地位，并且引起艺术界最具革命性变化的人毫无疑问是巴勃罗·毕加索（Pablo Picasso）。此外，在很大程度上也正是因为毕加索，艺术是有力的情感媒介而不是对完美的理想化形式美的追求的这种观念，才被我们这个时代的艺术家们所接受。

艺术应该源于一种原始的需要，用强烈的情感词汇来表达我们对周围世界的感知，当我们回归到这种基本信念上来时，我们就会更倾向于重视艺术作品的生命力而不是其有多完美。与此相对，正是毕加索作品中所蕴含的独特力量，驱使我们在作品中发现美的神秘所在。

由于早年对人生的困惑和对学院派传统的不满，毕加索发现按照他曾经所受教育的标准去寻找美，并不是他所追求的目标。在巴塞罗那和巴黎时，毕加索多年过着贫困潦倒的生活。他年少时期天赋极高，能够轻而易举地吸收同时代艺术家作品的特色，这使得毕加索年纪轻轻已经功成名就。但他没有因此就志得意满。个人充沛的表达力与非凡的勇气引发了一场危机，驱使他放弃了成名的捷径，转而冒险投入新的创作形式的挑战中去了。

25 岁的时候，毕加索迎来了早期职业生涯的转折点。这位年轻艺术家将自己所卷入的斗争通过一幅伟大的绘画作品有力地描绘出来了，这幅作品就是在 1907 年春于巴黎完成的《阿维尼翁的少女》（彩色图版 15）。令他的朋友们感到震惊的是，毕加索竟然放弃了他们长期以来喜爱的艺术风格，转而确立了一种他们也无法理解的艺术形式。无论是马蒂斯（Matisse）、布拉克（Braque）、德朗（Derain），还是他忠实的赞助人，甚至他的挚友同时也是他的崇拜者纪尧姆·阿波利奈尔（Guillaume Apollinaire），没有人能消化这种乍看上去颇为出格的作品。他们花了好几个月的时间来消化这件作品，一开始他们觉得这幅画简直就是在羞辱他们的感官，但渐渐地，他们不仅接受了它，而且发现它给他们带来了深远的影响。当阿波利奈尔意识到发生在毕加索及其作品中这一变化的意义时，他写下了这样的话来描述两类艺术家之间的差异：有一类艺术家跟随自己的艺术冲动而不做任何斗争，就"像是大自然的延续"，他们的作品"没有才华可言"；而另一类孤独的艺术家，"他们所绘的任何事物都是从内心出发"。"毕加索，"阿波利奈尔说，"他曾是前者，从未有过哪种景象像他经历变化成为第二类艺术家那样令人不可思议。"（纪尧姆·阿波利奈尔，《立体主义画家》，英译本，纽约，1944 年。）

毕加索从未失去探索未知世界的勇气，在随后的几年里，这种勇气使他得以创造了一种新的风格——立体主义（彩色图版 15—25）。他与他的朋友乔治·布拉克密切合作，引领了当代的其中一个重大艺术变革，这场革命改变了绘画与现实的关系，拓宽了我们的视野，也加深了我们对世界的理解。虽然从那以后，毕加索的作品并不总是立体派的风格，他在 1909 年到 1914 年战争爆发期间的发现（其间终止了和布拉克的密切合作），给他的作品带来了无法估量的发展，而且所传播的影响比其他任何一个艺术运动都更为广泛。其作品的主要特点之一就是，他可以轻松地转换他的风格，而且常常在同一幅画里将可能看上去并不相容的风格组合在一起。随着时间的推移，这一趋势实际上也愈发强化，毕加索运用不同表现形式进行创作的经验也变得日渐丰富。值得注意的是，在他的职业生涯中，他以前的艺术发现几乎没有丢失。毕加索有着极为精确的视觉记忆，这使他能够自由地运用多年积累的经验，并有助于他能够随时进入工作状态，保持工作速度。他绝佳的记忆力并不仅仅局限于绘画技法上的发现。对毕加索来说有着特殊意义的图像和事件一直都在吸引着他，贯穿他生命的始终。被母性包围的柔情，人类头脑中的奇思幻想（彩色图版 8、13、21、36），艺术家及其模特之间的困境（彩色图版 48），斗牛的祭祀戏剧，古典神话中的英雄主义，有生命物体和无生命物体之间的变形，景观的宏伟之处及其光线效果或是日常家庭生活中的静物（彩色图版 24、42、44）：这些主题一直深受画家青睐。

尽管毕加索大部分时间都在法国度过，但他从未忘记过自己的西班牙血统。1881 年，他出生在马拉加（Malaga），是何塞·鲁伊斯·布拉斯科（Jose Ruiz Blasco）和玛利亚·毕加索·洛佩兹（Maria Picasso Lopez）的儿子。他从父亲那里得到了人生中的第一次艺术指导。他的父亲是一个平庸的画家，但他善于鼓励儿子，并且意识到在儿子 13 岁的时候，其绘画天赋已经远远超过了他自己。经过在科伦纳（Corunna）、巴塞罗那（Barcelona）和马德里（Madrid）艺术学校学院派传统的早期训练后，毕加索在这些地方出色地通过了入学考试。他迅速发展，远远超过了这些美术学院所能够提供的指导。他的家人已经在巴塞罗那定居下来。对他来说这个地方的环境太过狭隘，他更加渴求的是巴黎那种光鲜刺激的国际化都市。即便如此，毕加索个人的性格、习惯以及艺术风格从根本上来说仍然是西班牙式的，他早期所吸收的影响不仅限于他在巴黎的探索，也源于他家乡的艺术。

毕加索一方面对自己的国家极为忠诚，另一方面他又自我放逐离开了西班牙，这是他诸多矛盾中的一个例子，这些矛盾也体现在他的生活和作品中。例如，他可以用极其温柔的方式来表现恋人之间的亲密关系（彩色图版 29），但又以一种十分刻薄的视觉分析方式来表现女性形体（彩色图版 8、15、17、43）。他能够毫无节制地扭曲人类的身体（彩色图版 20、32、33、36、43），然而又比任何艺术家更加同情人类所承受的痛苦。他是一名理解并热爱传统的革新者，同时又是一个极为关注生命的创造者，所以经常被死亡的冷酷现实所困扰。他像个孩子一样着迷于那些新鲜虚构的事物，但在他的作品中也包含着一个贯穿始终的连续性，一次又一次地证明了他的才华。他能够不断地探索出新的艺术风格和创作技法，他的作品经常令他的崇拜者和批评者都困惑不已，这些并不像画家对他旧爱们薄情的不敬，而是一种将自己从缺乏新意的重复里拯救出来的方法，并且使我们不断惊艳于他的创作活力与洞察能力。

毕加索能够不知疲倦地输出，他的创作成果异常惊人。他的作品数量庞大，但大部分重要的绘画作品依然可以组合在一个展览中，这是很不可思议的事情。虽然绘画是他主要的艺术创作，但他天赋异禀，其广泛的创作领域能够延伸到雕塑、素描、蚀刻版画、陶艺（彩色图版47a）、壁画以及剧场设计、诗歌、剧本创作和电影。毕加索充满活力，并且对他以往发展起来的各种表达方式不带任何偏见，这些给我们这个时代的艺术带来了巨大的影响。任何艺术家都无法忽视他，而那些在他的作品中找到灵感的人数不胜数。任何一种当代风格，从超现实主义或表现主义的各种形式到最没有情感的几何抽象艺术，都无法摆脱他的影响。在多数情况下，他都是新艺术趋势的提倡者和先驱人物。

毕加索的作品不仅仅是反映我们这个时代的一面镜子；它也开启了我们对未来的展望。作品中所体现的勃勃生机和真知灼见，当中的柔情和暴力，都源于对人性的理解和爱意。他的艺术远不只是视觉上肤浅的魅力。它实现了一个更加重要的目标——情感的强化和灵魂的教育。毕加索以新的眼光看待世界，并且通过他的艺术，使我们也能如此。

1895—1901年：早期

毕加索童年时期在马拉加就表现出一种强烈的愿望，即通过绘画来表达自己。他受到父亲的鼓励，其父以艺术家和美术教师的身份过着简朴的生活。14岁时他在科伦纳创作的画作表现出他非凡的成就，并且一年后他开始在巴塞罗那的艺术家和诗人中找到自己的一席之地，沉浸在一种"世纪末"（fin de siecle）的气氛里。早期对艺术的贡献加上他独特的才华使得毕加索得以去探索更广阔的领域，寻求新的影响。这些都是他在巴黎找到的。在1900年的首次寻访中，他对图卢兹－劳特累克（Toulouse-Lautrec）的巴黎神韵、高更（Gauguin）的异国情调以及凡·高（Van Gogh）的强有力的表现主义（彩色图版1、2、4）留下了深刻的印象。凭借他对艺术的热切渴望和洞察力，他轻而易举地吸收了那些吸引他的风格，然而又没有忘记他之前在祖国的埃尔·格列柯（El Greco）、委拉斯凯兹（Velazquez）和戈雅（Goya）那里学到的东西。他回到巴塞罗那，在那里，他的家人帮助他缓解了经济压力，使他的作品中保留了西班牙元素。

1901—1904年：蓝色时期

在1900年访问巴黎期间，毕加索的灵感主要来自明亮的色彩以及在卡巴莱歌舞表演、公共花园和赛马场上所呈现的丰富多彩的资产阶级生活。在马德里待了几个月后，1901年春天他回来的时候，毕加索的情绪发生了变化。一种忧郁的情绪通过弥漫在整个画面的偏冷蓝色调而变得更加强烈，这种风格开始主导他的作品（图2；彩色图版5—8）。作品的主题主要是流浪汉、乞丐和妓女，这些社会的受害者经常出现在蒙马特（Montmartre）酒吧或巴塞罗那街道上。这几年，毕加索大部分时间都在巴塞罗那。他经常在街头看到可悲的盲人乞丐（彩色图版7）或是满怀怜悯地向她们的孩子俯身弯腰的贫苦女人。关于贫穷、失明、爱情、死亡和母性的寓言经常充斥在他的脑海中（彩色图版5、6），特别是当他在创作大型作品的时候，而且这些

图2
招魂（卡萨吉玛斯的葬礼）

1901年；布面油彩；
150cm×90cm；
巴黎现代艺术博物馆

图 3

杂技演员一家和猴子

1905 年；纸板水粉、水彩、
粉彩和印度墨汁；
104cm×75cm；
哥德堡艺术博物馆

人物，在形体上比前一时期更具有雕塑性，在简洁的背景下强化了戏剧性的效果。据说在这个时期，毕加索受到了加泰罗尼亚画家诺内利（Nonell）的影响。蓝色时期标志着画家有意识地向一种清晰地再现造型的形式迈出了重要一步，更加注重情感主题，因而远离了印象派画家的空气透视效果。

1904—1906 年：江湖艺人和粉色时期

1904 年，毕加索终于搬到了巴黎。他选择在"洗衣船"（Bateau Lavoir）创办了一间工作室，这幢楼位于蒙马特高高的山坡上，里面的居民都是一些画家和诗人。他那些更具活力的新朋友都有些放荡不羁，再加上美丽的费尔南德·奥利维耶（Fernande Olivier）的陪伴，使他远离那些在蓝色时期困扰着他的忧郁主题（图 3）。随着马克斯·雅各布（Max Jacob）、阿波利奈尔和萨尔蒙（Salmon）的频繁造访，他的工作室被称为"诗意的会合"。1907 年纪念"海关官员"亨利·卢梭（Douanier Henri Rousseau）的著名宴会便是在这里举行的。

蓝色时期的画作最终开始卖给交易商和收藏家，如格特鲁德·斯坦（Gertrude Stein）和里奥·斯坦（Leo Stein）（彩色图版 13）、威廉·乌德（Wilhelm Uhde）、俄国人休金（Shchukin）。大街上的流浪艺人和马戏团里的小丑成了他的朋友，并且都出现在了他的画作中。这些画面总是被一种怀旧的柔情所包围着（彩色图版 9、11）。在画家的想象里，小丑夏力（harlequin）一直是最受毕加索喜欢的角色，被他频繁使用到画作中，并且经常以艺术家自己的形象出现。前一年的蓝色主色调被柔和的粉色和灰色调所取代。1904 年的绘画常常极具辨识度，因为这些拉长的四肢让人回想起埃尔·格列柯样式主义（mannerist）的风格，但是到了 1905 年，毕加索放弃了这些扭曲变形，以纯粹古典式的比例取而代之，转而通过强调体量感来表现人物雕塑般的质感。

在这些年里，毕加索短暂地拜访了荷兰（彩色图版 10）。1906 年的夏天，毕加索是在比利牛斯山脉的戈索尔（Gosol）度过的，他在那里画了许多肖像画和以西班牙农民为模特的习作，以及其他一些画作。在前往戈索尔的途中，他拜访了在巴塞罗那的家人，并唤醒了他对加泰罗尼亚的罗马式和哥特式艺术的记忆。此时此刻，对他来说更重要的是伊比利亚（Iberian）雕塑的发现，这是罗马时代以前的作品，其中一些雕塑曾在不久前被卢浮宫收购了。这些雕塑采用非常规比例，制作上忽略了精巧且具有粗鲁野蛮的野性力量，毕加索被这些所吸引。这些因素在他的作品中迅速得到了重要的体现。1906 年秋天他回到巴黎时，直接将所画的裸体肖像像那些雕塑一样扭曲化。在这几年里，毕加索创作了他的第一批雕塑作品：《小丑》（*The Jester*，1905）、《费尔南德头像》（*Head of Fernande*）、《梳头发的女孩》（*Girl Combing Her Hair*，1906）等。还有一系列出色的蚀刻版画：《简朴的一餐》（*The Frugal Repast*，1904）、《江湖艺人》（*The Saltimbanques*，1905）、《莎乐美》（*Salome*，1905）等。

图 4
带头骨的静物画

1908 年；布面油彩；
115cm×88cm；
俄罗斯艾尔米塔什博
物馆，圣彼得堡

1907—1909 年：黑人时期（过渡期）

1906 年的夏天，毕加索在里奥·斯坦和格特鲁德·斯坦的家中遇见了马蒂斯。马蒂斯曾被誉为"野兽派运动"的领导者，他的伟大作品《生活的欢愉》（La Joie de Vivre）曾在那年春天的独立沙龙上展出过。尽管当时毕加索拒绝在大型团体画展上展出个人作品，但他却强烈意识到野兽派画作里革命般的暴力，并且非常敬重马蒂斯、德朗和布拉克。然而，对毕加索来说，野兽派画家在自己作品中坚持强调色彩的唯一重要性这一倾向，并不比印象派画家对空气的表现效果这一追求更有吸引力。与此同时，还有其他影响在起作用。通过画商安博洛伊斯·沃拉尔（Ambroise Vollard）1901 年在巴黎为塞尚（Cézanne）举办的第一次展览，毕加索开始熟悉他的作品。塞尚在寻找一种对形式合理的解读和以几何图形为基础的构图方式，给这位年轻的西班牙人留下了深刻的印象，他希望在他的绘画中创造出一种切实可感的三维效果。毕加索还发现了一位老人——"海关官员"卢梭的伟大之处，虽然老人不太有名气，但他作品中的生机和活力恰好符合毕加索对发现新的表达形式的渴求。这些年来，从非洲和南太平洋传过来的原始艺术的力量开始受到巴黎一些画家的注意，而以前遭到鄙视的野蛮风格开始被认为拥有巨大的情感力量。

1906 年秋天，毕加索从戈索尔回来，继续强调和简化形式，特别是在他的裸体绘画里（彩色图版 12）；但直到那年冬天，他才开始创作一幅大型油画，这不仅是他个人事业也是当代艺术史的转折点。在同一年春天，他画了《收割者》（The Harvesters，纽约，私人收藏），这幅画比其他任何作品都更加接近"野兽派"的用色，还在作品中表现了创造动感的愿望。在这种情况下，两种倾向都牺牲了一种更具穿透力的形式。但是，在他伟大的作品《阿维尼翁的少女》（彩色图版 15）中，他的目标已经改变了。颜色被严格限制在各种粉红色和蓝色中，形体变得清晰且稳定。几个月来，他已经绘制了大量的草图，在作品被搁置的很长一段时间里，他在"后记"中延续着他的想法。这幅画成了一件试验品，用以解决艺术家之前的困惑。他牺牲了画面上所有的魅力——从中透露出来的勇气使他的朋友们感到不安——有时游走在忧郁（这使他早期名声大噪）的边界。在寻找更有力的表现形式的过程中，他意识到了原始艺术的生命力，并且他在该时间段访问了加泰罗尼亚，这使他重新燃起了不计一切代价重获其本质的渴望。结果就诞生了一幅伟大的作品，它让他那些极有见识的朋友感到恐慌，而且尽管被收在他的画室里二十多年，但还是注定要在未来的画坛上激起巨大的水花。

《阿维尼翁的少女》后的一个创作新时期是由画中右边两个人物的处理方式发展出来的画作开始的。她们与非洲雕塑（那一年毕加索的灵感来源之一）的相似之处迎来了随后几个月采用的"黑人时期"这一术语。新风格主要对形式进行了简化，并且详细阐释了创作手法。画家抛弃了传统的古典技法，自由运用各种扭曲变形来强调人物的体量感，传达细腻的情感。毕加索把他的发现统一应用于所有呈现在他面前的主题中：人体形体、花朵、风景、肖像或静物。

1908 年的夏天，毕加索在巴黎北部的乡村度过了几个星期，用他的新风格来画风景。在他回来的时候，他惊奇地发现早在一年前就同他结为好友的布拉克，在法国的南部也独自朝着类似的方向发展。在几个月后的画展上，评论家沃塞勒（Vauxcelles）第一次将布拉克的这些作品命名为"立体派"。

第二年夏天，毕加索在奥尔塔德桑特霍安（Horta de Sant Juan）进一步建立了新风格的原则。轮廓鲜明的岩石景观使他有机会继续跟随塞尚的倡议，即通过圆柱体、球体和圆锥体来观察自然。毕加索通过这个原则在肖像画和静物画（图4）上得到了同样惊人的成果。

1910—1912年：分析立体主义

"我画的是我对事物的认识，而不是我所见之物。"这是毕加索向诗人拉蒙·戈麦斯·德拉塞尔纳（Ramon Gomez de la Serna）解释他本人和塞尚之间的本质差异时说的一句话。后者笔下的灵感主要来自他对眼前呈现的物体直接产生的视觉反应。而毕加索则逐渐倾向于根据自己的内在想象来创作。他在非洲艺术中发现了一种概念性艺术，同自己的作品有异曲同工之处，即同样也不是基于对一个模特直接的视觉反应立马进行创作。这种原始的影响是激烈的，它首次在真正意义上建立了非洲艺术和西方思想之间的联系，在随后的两年间，毕加索坚持这样的风格，通过将秩序带入原始冲动里这一日益发展的趋势，使得这种联系在《阿维尼翁的少女》中延续。

在两人的密切合作中（布拉克说他们"像登山运动员们一样绑在一起"），毕加索开始对画家接触的新式概念进行阐述，从而将其系统化。为了理解形式并解释它在平面上的存在，他们觉得有必要打破形式，分离各个元素，渗透到物体表面之下，并且意识到观者无法看到这个物体只是因为它恰好在讨论的物体背面。从单个视点表现物体显然是不够的。应该从各个角度来构思（彩色图版20、21）。他们画下的是画家本人对物体的认识。要充分做到这一点，就必须有一些条件。在一段时间里，布拉克和毕加索都严格地将画面色彩控制在深褐色和灰色的基调中，偶尔会嵌入橄榄绿或赭色。其次，画家彻底抛弃了线性透视的传统规则，圆润的造型让位给平面的晶体小切面，这些切面组合在一起构成了坚实的形体（图5；彩色图版19、20、21）。这个绘画体系还将人物或物体与其背景密切联系起来。在整个画面中，通过将背景与物体紧密地结合在一起创造出一种和谐统一的效果，这样背景和所绘物体之间就不会出现缝隙。每个小切面都与它相邻的那个面重叠，要么就挨在一起，呈现出坚实的建筑般结构和半透明的水晶般质感。两位立体主义的创造者所产生的热情使他们的作品向一种抽象的绘画语言转变。他们的创作变得更加纯粹地概念化，并且与常规的视觉表现渐行渐远（例如彩色图版21）。有一段时间，他们甚至不愿意在自己的作品上签名，这就给他们一种超脱感，甚至不带任何个人色彩；因此，有时很难区分他们在这个时期的作品。

然而，把这些作品看作纯粹客观的抽象设计是错误的。无论如何，它们都是基于某种特定对象的概念以及艺术家的个人风格创作的。这些都是有迹可寻的。一撇象征性的小胡子就可能意味着是脸部，这可能是唯一可辨认的特征。一把吉他的曲线轮廓或一个玻璃杯柄就能引

图5

弹曼陀林的少女

1910年；布面油彩；
100.3cm×73.6cm；
现代艺术博物馆，纽约

13

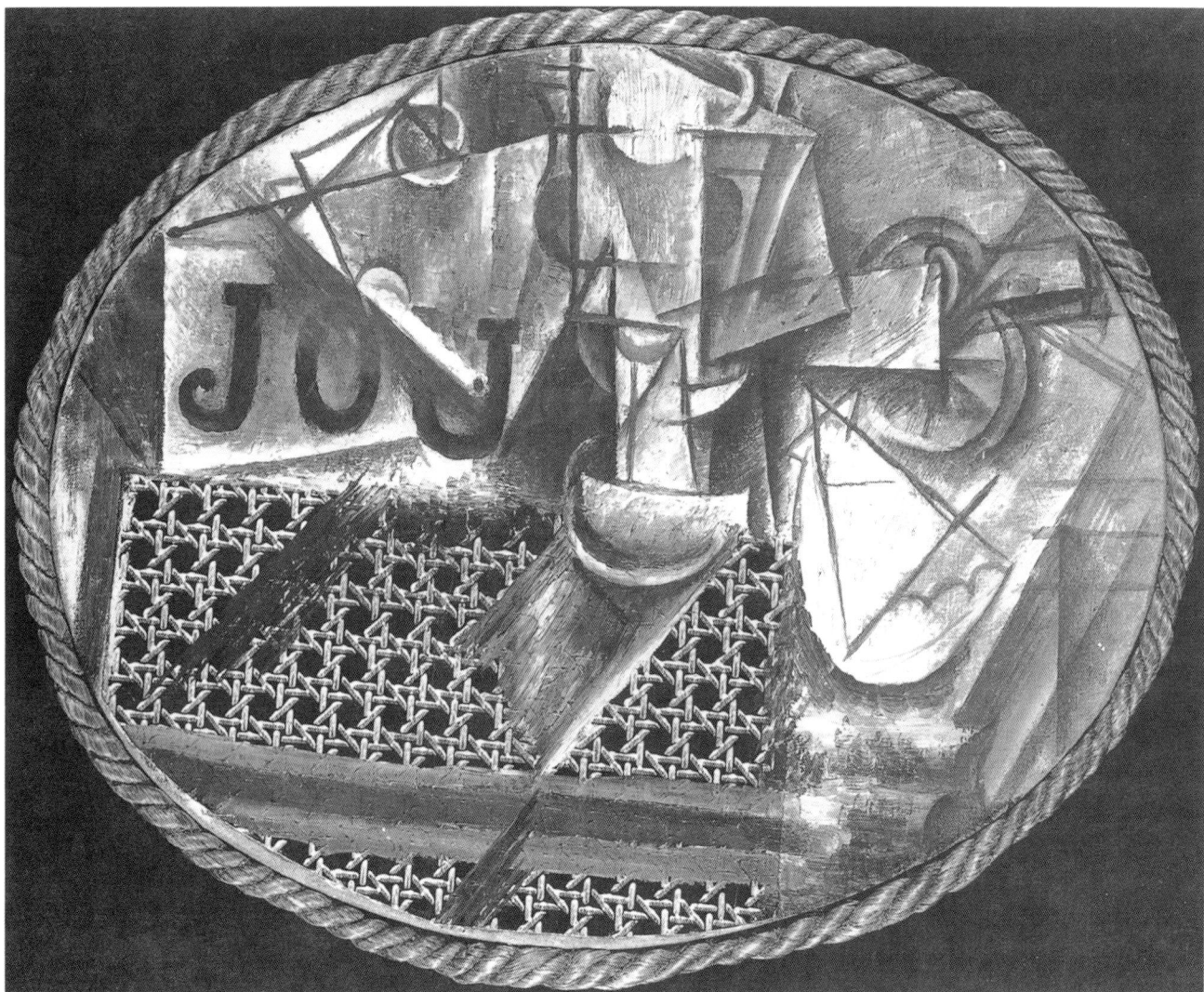

图6
藤椅静物

1912 年；油彩、油布、
裱糊纸拼贴在椭圆形布上、绳索环绕；
27cm×35cm；
毕加索博物馆，巴黎

导观者辨认出所绘的对象，它们在画面上被切割重组，构成了作品不可分割的一部分。当视线扫过画面时，我们会发现自己可以同时看到物体的顶部及其正面和背面，但这种运动是在观众的意识里而不是在物体本身。所有这些方面交织在一起，就会对物体的整体性形成全新的认知。

1912—1916 年：综合立体主义

在立体主义创作的头几年时间里，两位画家充满了英雄般的创作热情，毕加索和布拉克坚持的这一风格，既带有形而上学的意味，又具有视觉的意义。这样的风格极为纯粹，差点就成了一种完全封闭的艺术。到了 1911 年秋天，他们对形式的解析已经到了画中所有物体的特征都难以辨认的程度。因此，在绘画和现实之间需要建立一个新的联系。毕加索数次展示了他对新伴侣埃娃的爱意，就像恋人会在树皮上刻上爱人的名字首字母那样，毕加索把她名字中所含的字母或 "J'aime Eva" 的字样放在他的画作里。这样的添加也许看起来并不相关，却将与现实相关的全新的思考带入作品中，否则画面近乎抽象。布拉克也感到有同样的需求。他父亲是一名装饰画家，在其父的培养下，他学会了在大理石和木纹表面制造视觉陷阱，现在他把这些手法引入他的作品中。在简化布拉克的彩色仿木画的过程中，毕加索深化

14

了这一理念，在一块油布上将一种藤椅的图案逼真地复制出来然后粘贴在画布上。

从这之后，画家迅速使用报纸、墙纸或其他任何现成材料达到双重目的——它们既成了作品里的一部分，又在画面中增添了事物自身的真实性。在画布上添加别的材料，这本身就是一种革命性的进步，它打破了文艺复兴以来建立的传统，而那时候的画家们不再使用中世纪镀金浮雕装饰，而是在整个画面中坚持材料的统一。

新技术（拼贴画，*papier collé*）被证明是一个重要的发现。因此毕加索能够以极快的速度创作，有时把一些彩色纸片或带有图案的纸片钉在他的作品上，并根据自己的想法改变它们的位置。在《藤椅静物》（*Still Life with Chair Caning*，图6；这幅作品在巴黎制作，仍然属于艺术家本人）——这是毕加索使用这种新手法创作的第一幅画——中，字母JOU是单词"*Journal*"的一部分，位于一个玻璃杯旁边，这个杯子还具有早期分析立体主义风格的所有特征。这两者都在模仿藤椅效果的那块油布旁边；因此，它们有着不同的含义，并且在不同程度上制造出视错觉效果，这种方法被称为视觉双关（visual pun）。严格的封闭式抽象手法已经被一种轻松愉快的自我批评所取代。

另一个发展是色彩的回归，或者说是上色的表面，通过它们的视觉作用可以给人一种纵深感。之前通过色调渐变制造出晶体小切面的方法，渐渐被简单的或有纹理的平面取代。经发现，纹理也可以区分物体相互之间的区域：可以把材料放在不同的平面上，由此产生一种新型透视效果。纹理在某些情况下是用沙子制造的，而在另一些情况下则模仿了"点彩"画法。到1913年，艺术家已经不再使用立体主义早期的单色效果；色彩扮演了一个新的角色：它在平面上映照出明亮的光线，均匀地给画面上色，清晰地划分了各个区域，这与印象派使用色彩制造空气透视效果没有任何关系。

立体主义绘画本身变成了一个独立的物体；这种倾向使得毕加索着手进行一个艺术实验，从中创造出一种介于绘画和雕塑之间的浅浮雕（bas-relief）结构。

在立体主义早期，毕加索把自己的全部精力都投入走向抽象艺术的探索上，但在1915年，他又开始创作一些素描和绘画作品，这些作品再一次展示了他在传统再现绘画手法上的非凡天赋。在战争期间，毕加索给他的朋友们——马克斯·雅各布、沃拉尔和阿波利奈尔创作了一些肖像画，这些画作中的线条有着安格尔（Ingres）素描里那样的确定和纯粹。

1917—1924年：立体主义和古典主义

在战争期间，毕加索不仅经历了与朋友的分离，还遭受了失去挚爱的痛苦——1915—1916年冬天，埃娃离世了。尽管他从未停止过立体主义绘画的创作和相关的探索，但他这几年却没有那么多产了。1917年春，让·科克托（Jean Cocteau）说服他一起去罗马，为那年夏季将在巴黎举行的芭蕾舞表演《欢庆游行》设计场景和服装（图7）。这次短期旅行使毕加索接触了一个全新的环境，而他对意大利的访问重新唤起了他对古典形式的喜爱，并且让他对即兴喜剧产生了

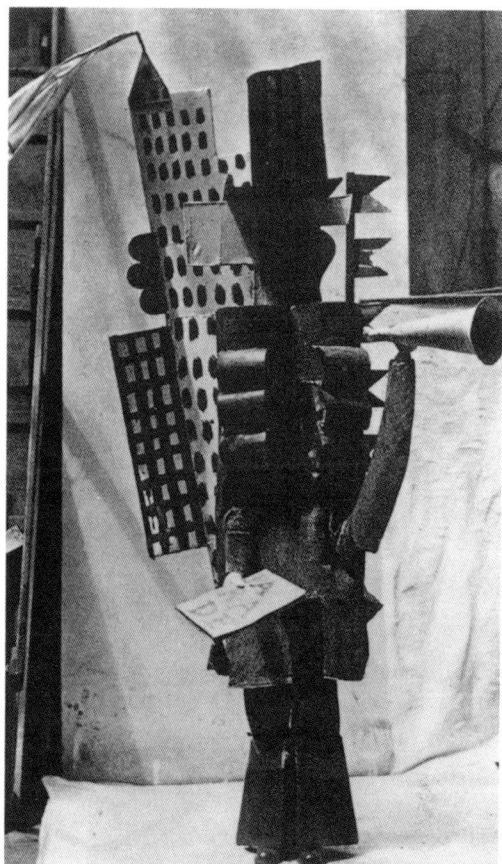

图7

从纽约来的经理

《欢庆游行》戏服；1917 年

图8

两个沐浴者

1920 年；粉彩；
108.5cm×75.8cm；
毕加索博物馆，巴黎

MINOTAURE

兴趣。在这里，他遇见了年轻的芭蕾舞演员奥尔加·科克洛娃（Olga Khokhlova），两人在第二年成婚。

回到巴黎后，他的作品频繁地涉及古典主题（图8），他给年轻漂亮的妻子所绘的肖像画再次展示了他在具象绘画方面的精湛技艺。然而，他从未放弃立体主义的成就，并以日益积蓄的力量继续发展这种风格。它在两幅伟大的油画——《三个音乐家》（彩色图版28，1921年）及其同一主题的变体——中达到高潮。另一个版本在纽约现代艺术博物馆。毕加索创作了许多女性人物绘画，裸体的或是披着古典布料的造型，这与立体派绘画同时进行。他强调这些女性形体上的丰满，赋予她们生育和母性的气质。无论画布实际使用的尺寸是什么样的，这些形象总是显示出纪念碑式的比例。

1921年，奥尔加生下了一个儿子，毕加索的作品立即反映了他对这件事的关注。母爱成了这一时期主要的新古典主义绘画题材。

在战争结束后，毕加索有了能够再次旅行的机会，那年夏天他去地中海待了几个月。这几年里，有一个主题总是以各种形式重复出现，即在一个打开的窗户前放着一张有静物的桌子。一些熟悉的物品，如吉他、装有水果的碗和酒瓶，仍然是一系列静物画中的主要元素。经历了各种情绪起伏之后，毕加索因1924年和1925年的巨幅油画而取得了重大成就。画家在这些作品中巧妙地运用立体主义创作手法；各种物体和它们的阴影和谐交错，色彩绚丽，富有诗意。

1925—1935年：梦的解析

古典主义对毕加索的巨大影响持续到1925年，不仅体现在古典人物和构图上，还体现在他之前对立体派绘画（大部分是静物画）所运用的秩序和形式的纯粹性上。然而，在同一年，毕加索开始因为一个新的问题而苦恼，这种挣扎体现在一幅伟大的油画——《三个舞者》（彩色图版32，1925年）上。很明显，战后人们创造一个新的黄金时代的希望已经破灭，随之而来的是一种绝望狂热的暴力，充满受挫的心情和不祥的预感。这幅画首次表现出极为粗暴的扭曲，这与前几年古典宁静的气息毫无关联，它预示着一种新的表达自由。接下来的几年里，毕加索画作中的人物形体四分五裂，不再是分析立体主义年代里进行的精细剖析，而是呈现出一种任何艺术家都难以企及的暴力。然而，毕加索不仅分解和毁灭，他还发明了新的解剖画法，以新的建构方式和合成手段，将梦境与世俗现实结合起来（彩色图版33、34）。通过这些方法，他创造出一种新的变形，比起简单地用油彩在布面上产生视错觉效果，这种变形更有力量也更深刻。最为另类的，甚至是最微不足道的材料，都能被他赋予新的生命和新的意义。正是在这一壮举中，毕加索不断地展示了他充满诗意的力量。他用钉子、金属丝、纸和铺地板布这些毫无吸引力的材料创造了一幅作品，整个画面产生了强烈的情感效果。

毕加索很快就理解了他那些超现实主义朋友在潜意识工作中寻找灵感的诉求，他还允许自己的画作和他们的作品在团体展览上一起展出。他认为绘画应该是概念性的，而不是纯粹视觉上的创作，这总使他珍视和诗人们的友谊，而超现实主义绘画和诗歌所体现的密切联系

图9
米诺陶

1933年；素描和拼贴画；
在《米诺陶1》的封面
上重现

也在强烈地吸引着他。他早年与安德烈·布勒东的联系，再加上他与保罗·艾吕雅的长久友谊，使得他在那段时间作品产量极高。

在毕加索的作品中，我们从未发现情感的表达压倒了形式上的考虑。它从未转变成不受控制的表现主义。他重塑的人物形体是基于立体派的发现：例如，脸部的两只眼睛居然是从侧脸看过去的角度放置的，这是从 1935 年以来就很常见的特征，不仅源于情感，同时也符合立体派的意图——把原来隐藏的但实际上又存在的事物表现出来（彩色图版 38）。他从未停止诠释三维的坚实形式。然而，他借以表现的方法有许多种，从运用平面和细线到应用传统的阴影来表示体量感。在 20 年代晚期，毕加索回归浅浮雕和雕塑，经常创造出可以在两种媒介间互相转换的形式。《画家和他的模特》〔The Painter and His Model，1928 年、纽约、西德尼·詹尼斯（Sidney Janis）〕中，右边的头像也被毕加索描绘成一个彩色金属结构，这一过程产生了画家所希望的交替使用两种媒介的效果，这一效果在后续作品中逐渐增加。1932 年，毕加索新近收购了布瓦热卢城堡（Château de Boisgeloup），其带有大型附属建筑，为他提供了更大的空间，使他能够创作出一系列重要的雕塑作品。有些是在雕刻家冈萨雷斯（González）的技术支持下完成的铁制雕塑；其他的都是大型的石膏头像，灵感来自一个新的模特，玛丽-泰蕾兹·瓦尔特（Marie-Thérèse Walter），她经常出现在这一时期的画作中。1935 年，玛丽-泰蕾兹给毕加索生了女儿玛雅（Maïa）。

图 10
米诺陶之战

1935 年；蚀刻和刮刀；
49.8cm×69.3cm；
毕加索博物馆，巴黎

但是，在 30 年代早期，除绘画之外，雕塑并非毕加索的全部艺术创作。正是在这一时期，他以极旺盛的精力完成了一些出色的画作，并且给很多书做了插图，比如巴尔扎克（Balzac）的《无名杰作》（*Le Chef d'Oeuvre Inconnu*）和奥维德（Ovid）的《变形记》（*Metamorphoses*），以及后来（1937 年）布丰（Buffon）的《自然史》（*Histoire Naturelle*）和他的诗人朋友查拉（Tzara）、艾吕雅等人的书。此外，毕加索自己也花了不少时间以混乱的形式和暴力的意象写了许多长诗。毕加索一生都有着极为惊人的活跃度，即使在他与妻子分离、情感压力最大的时期也未曾停止创作。

1936—1945 年：毕加索的奇思妙想

对古典神话的理解，加上西班牙人对斗牛世代相传的热情，引发了毕加索对米诺陶（Minotaur，希腊神话中牛头人身的怪物）的古怪性格的沉思。1933 年，在名为《雕塑家的工作室》（*The Sculptor's Studio*）的一系列蚀刻版画和同一时期的一些引人注目的画作中，这种怪物的意义含混不清，有时带有色情意味，有时是凶神恶煞的，有时又莽莽撞撞地闯入人类社会（图 10）。神话的潜意识力量和毕加索长久以来对寓言的热爱，为他即将在 1937 年创作的一幅伟大画作奠定了基础。这是毕加索为 1937 年巴黎世界博览会中的西班牙馆创作的壁画，灵感来自他对佛朗哥（Franco）将军的军队毁灭巴斯克（Basque）地区的一个小城镇格尔尼卡的愤怒。这幅伟大的画作（现在借给了纽约现代艺术博物馆）充分表现了人类在遭遇灾难时的痛苦，其中所展现的力量要归功于毕加索通过立体主义发展出来的一种新的视觉语言。尽管《格尔尼卡》以极快的速度绘成，但毕加索在为终稿做准备时仍然花时间画了许多习作，如《马头》（*Horse's Head*，1937 年 5 月 2 日，纽约，现代艺术博物馆）、《哭泣的女人》（图 11，1937 年 6 月，巴黎，朵拉·玛尔），以及大量具有强烈情感力量的素描。其对绘画的影响一直持续到那年秋天，例如 1937 年 9 月的《女人和死去的孩子》（*Woman and Dead Child*），1937 年 10 月 26 日的《哭泣的女人》[①]。这些画作中体现的痛苦都凝聚在《格尔尼卡》这幅杰作里。

毕加索这个时期的所有作品都充斥着一种不祥的预感，有时会像 1939 年的《猫吞食鸟》（彩色图版 40）这样在画中弥漫着紧张的气息，而在其他时候，又会表现为一种辛酸尖锐的幽默。从《昂蒂布的夜间捕鱼》（*Night Fishing at Antibes*，纽约现代艺术博物馆）这幅杰出画作中可以看到，虽然战争在几天后爆发，但战争的气氛已经出现在渔夫们邪恶的鬼脸中，同时也显露在那些站在自行车旁边的女孩无力的笑容里。随后的画作中都深深地表现了毕加索痛苦甚至近乎绝望的情绪，虽然有时也有出现他对朵拉·玛尔的爱——两人自 1936 年以来共同度过一段时光，这显然可以在一些卓越的素描和她的肖像画里看到。类似的温柔笔触也出现在他的女儿玛雅和努什（Nusch）——保罗·艾吕雅之妻的肖像画里。

随着战争持续发展，毕加索周遭的境况变得更为艰难，画家对此的反应也变得更为激烈。在一些画中，比如《梳头发的女人》（*Woman*

图 11
哭泣的女人

1937 年；布面油彩；
54cm×44.5cm；
泰特美术馆，伦敦；
安东尼·彭罗斯收藏

[①] 毕加索在 1937 年 6 月以及同年 10 月 26 日创作的这两幅《哭泣的女人》在表现手法上略有出入。《哭泣的女人》是毕加索针对 1937 年发生在格尔尼卡的悲剧而创作的系列作品，画家并未直接描绘西班牙内战场面，而是通过女人哭泣的样子反映战争导致的后果。

——编者注

Dressing Her Hair，1940 年，纽约，路易丝·史密斯夫人），画家对战争笼罩的恐怖情绪和当中体现的愚蠢表示强烈不满。除了一些极具魅力的静物画之外，毕加索的其他作品都充斥着愤怒阴暗的思想。他的人物头像习作总是进行了极为剧烈的变形，有时将朵拉·玛尔的容貌和他的阿富汗猎犬卡斯贝克生硬的鼻子结合在一起，两者合为一体的头部特写暴露了画家两种矛盾的心情。

虽然材料稀缺，毕加索在战时依然创作了大量绘画和雕塑作品。1943 年，他塑造了《和绵羊在一起的男人》（*Man with the Sheep*），相比起别的作品来说，这件雕塑是件大作，尽管在当时禁止用金属做雕塑，但此作品后来还是使用青铜来铸造。

在 1941 年那个无以慰藉的冬天，毕加索以短短四天的时间写了一部短篇戏剧，取名为《被尾巴愚弄的欲望》，令他的朋友们大吃一惊。从这一点可以看出，毕加索自始至终都保留着荒谬感，并且一直对可悲的不安全感和人性的弱点表示同情和理解。他在这段时间创作的静物画中弥漫着一种死亡的气息，通常以一盏罩灯或枯萎的植物来象征死亡。这些创作在战争结束时以另一幅伟大的画作《藏尸所》（*The Charnel House*，克莱斯勒收藏，纽约）告终，这幅作品画于 1945 年的夏天，当中概括了画家对战争的恐惧，同时也表达了画家对战争引发的普遍后果产生的感受。

战争快要结束的时候，毕加索以更加轻松愉悦的心情在工作室旁的码头画了几幅这座城市——毕加索和他的朋友们在这里经历了一段痛苦的岁月——的风景画。

1946—1954 年：昂蒂布和瓦洛里斯

随着战争解放和早年分散的旧交的归来所带来的激动之情渐渐平息，毕加索再度来到了地中海。在过去的几个月里，他在巴黎集中创作石版画，其中很多都是斗牛和静物的场景。在他到达法国南部后不久，有人为毕加索提供了昂蒂布（Antibes）的格里马尔迪宫（Palais Grimaldi）的大厅作为他的工作室，然后作品的主题突然改变了。神话故事人物又一次在他的思想中占据了主导地位。宁芙（nymph）、农牧神（faun）、马人（centaur）和萨提尔（satyr），这些人物以绘画和石版画的形式在田园牧歌式的场景中翩翩起舞。在他们中间出现了一张新面孔，像太阳般容光焕发，像花朵般娇嫩优雅，那是陪伴着他的弗朗索瓦丝·吉洛（Françoise Gilot）。他在这一时期的作品都收藏在昂蒂布的博物馆里，它们见证了他这几个月来新获的宁静。

1947 年，弗朗索瓦丝生下了他们的儿子克劳德（Claude），而毕加索被瓦洛里斯（Vallauris）的陶器所吸引，从中看到了创作的可能性，于是在一年后，他和他的新家庭搬到了那里。这开启了一段伟大的陶瓷创作时期，他用制作彩色雕塑的方式来处理陶艺。与此同时，他继续充满热情地作画。包括弗朗索瓦丝、他们的儿子克劳德以及出生于 1949 年的女儿帕洛玛（Paloma），这些人的肖像画通常都充满鲜艳明亮的颜色，用茂盛的蔓藤花纹植被装饰。画面当中，他的孩子们在玩耍、阅读，有时候躺在床上睡觉，这些都显示出毕加索对孩子们一举一动的温柔观察。与蓝色时期的绘画不同，这些绘画作品没有任何多愁善感的忧郁，反而表现了丰富多彩的童年欢乐时光。地中海周边的夜晚和白天的风光也吸引了毕加索，当然这也和他那众所周知的对大海的偏爱有关。

毕加索的出现又一次推动瓦洛里斯的繁荣，并受到了当地居民的热烈欢迎。那个如真人般大小的青铜雕塑《和绵羊在一起的男人》立在主广场上。此外，毕加索受邀去装饰一座别致美丽的中世纪小教堂，尽管这座建筑已经废弃不用了。为了覆盖装饰小教堂中殿的拱顶，他在 1952 年画了两个大的嵌板，其中一面展现了战争的寓言，另一面展现的是和平。

这几年里，毕加索所使用的风格丰富多样，从几乎抽象的《山羊的头骨、瓶子和蜡烛》（彩色图版 44）到 1951 年充满幻想和嬉闹的《嬉戏的篇章》（*Pages at Play*，艺术家本人收藏）。尽管这些象征性人物的细节刻画较少，整体画面极为庄严朴素，但后者在风格上更接近于《战争与和平》的伟大画作。

1955—1961 年：戛纳和沃夫纳格

1954 年 12 月 13 日，毕加索开始在德拉克洛瓦（Delacroix）的《阿尔及尔的女人》（*The Women of Algiers*）的基础上创作了 15 幅系列改编作品（彩色图版 46），他于 1955 年 2 月 15 日完成了这一系列作品。这并非画家首次选取他所欣赏的名作当作主题，并且完全没有任何复制原作的意图，而是把它作为以个人风格对作品进行改编的基础。之前的例子就来自各种名画：1917 年选用勒南（Le Nain）的作品；1919 年，雷诺阿（Renoir）；1944 年，普桑（Poussin）；1947—1949 年，克拉纳赫（Cranach）〔姆尔罗（Mourlot），《毕加索的石版画》，巴黎，第二卷，1950 年，第 109 页〕；1950 年，库尔贝（Courbet）和埃尔·格列柯（彩色图版 44），还有更近的委拉斯凯兹的《宫娥》（*Las Meninas*）。德拉克洛瓦的《阿尔及尔的女人》有两个版本：一个在卢浮宫，另一个在蒙彼利埃（Montpellier）的法布尔美术馆（Musée Fabre）。但毕加索说，他已经多年没见过这两幅画了。然而，无须复制品，他的视觉记忆就使他能够对这些作品进行改编。他接二连三画了许多不同的改编版本，一些是单色的，另一些是色彩鲜艳的，他通常用大胆的方式来诠释作品和女性身体的构造解剖。从相对更加具象的习作开始，到近期几乎转化为抽象概念的作品，类似这样的趋势可以在三年后的一系列作品《宫娥》中找到。

1953 年与弗朗索瓦丝·吉罗分手后，毕加索找到了一位忠实的新伴侣——雅克利娜·罗克（Jacqueline Roque）。在 1954 年 6 月的肖像画中可以很明显看到他对她的爱意。毕加索和雅克利娜一起搬到了加利佛尼亚别墅（Villa La Californie）里，他们可以在这俯瞰戛纳（Cannes）附近的人海。尽管这座房子的建筑设计并不令人满意，但它为画家提供了充足的创作空间。雅克利娜常在室内，坐在他的画作和雕塑之间，这一形象成为许多重要画作的主题。画家在戛纳有足够的创作空间，而瓦洛里斯又相隔不远，因此毕加索的创作活动越发多样化；架上绘画、雕塑、陶艺、雕版画和石版画占据了他的大部分时间。此外，他还在 1953 年的夏天成了乔治·克鲁佐（Georges

图 12
宫娥

1957 年；布面油彩；
194cm×260cm；
毕加索博物馆，巴塞罗那

Clouzot）制作的电影《神秘的毕加索》（*Le Mystère Picasso*）当中唯一的明星演员。

这些年里有许多绘画都体现了他的生活经历，同时立体主义的影响也经常以十分重要的形式出现在他的作品中。他掌握了许多创作风格，这使他能够果断快速地完成作品，画面表现也极为自由。绘画前所未有地与雕塑联系起来。毕加索通过之前创作拼贴画那样有趣的方式，将这些完全不同的物体组合成各种变体，从而启发他创作青铜雕塑。多数情况下，金属会被重新着色，创造出一种绘画和雕塑之间的统一。毕加索凭借直觉，不断探索出突破传统的手法以产生新的表现效果。任何吸引他的手法，他都会去尝试，比如 1958 年的《阿莱城的姑娘》（*L'Arlésienne*）这幅画，是画家用从地板上捡的鸽子羽毛画出来的，而不是用画笔。

在 1957 年的秋天这两个多月时间里，毕加索格外醉心于创作，他将朋友们拒之门外。在这段时间里，他画了一系列委拉斯凯兹的《宫娥》的改编作品。14 岁的毕加索第一次和父亲去马德里时就被这幅画吸引住了。他在各种尺寸的画布上快速地创作。委拉斯凯兹原本指代不明的版本，在毕加索的笔下转换成另一个充满活力的主题——艺术家和他的模特。毕加索尊重了这幅充满戏剧性的原作里的几个要素，比如画面当中光线的处理、人物的位置、他们的姿态，甚至衣服的质地，但毕加索同样也对作品进行了毫不留情的改编（图 12）。同时，委拉斯凯兹描绘的是西班牙宫廷略显晦暗的内部场景，而毕加索以此为衬托，继承了原作的传统，但也被一个日常场景所吸引，他以画室的窗户作为框架——他的鸽子正是从那里飞入明媚的地中海。五年后，毕加索在巴塞罗那专门献给他的新博物馆中展出了这一完整的该系列作品。

毕加索的注意力很快就转移到了其他杰作上，尤其是他在戛纳为联合国教科文组织巴黎总部大楼画的大型壁画。这幅画的照片第一次在媒体上发表时，遭到了严厉的批评。当它在瓦洛里斯一所学校的操场上展出时，一些评论家表示他们对这幅画大失所望。经过描绘的木板在巴黎安装好后，可以明显发现毕加索极为巧妙地弥补了大厅建筑所带来的限制，尽管他只能通过一个很小的模型进行创作。除非靠得很近，不然我们无法看到整幅作品，但随着观者走近它，整幅画逐渐进入视野，作品的主题——带有寓言意味，暗示着《伊卡洛斯的坠落》(*The Fall of Icarus*) 是一个恰当的标题——被戏剧性地展现出来。即使毕加索没有亲临现场，通过这种巧妙的方法，这幅巨作依然极好地烘托了周围的环境和旁边的作品，这进一步证明了画家在视觉理解方面的天赋。

自战争以来，斗牛运动在法国越来越受欢迎，再加上它与西班牙之间必然的联系，重新点燃了毕加索对竞技场的热情。毕加索在瓦洛里斯模拟了一场斗牛活动来庆祝他的 75 岁生日。同年，在参观了普罗旺斯的罗马竞技场里更加传统的斗牛比赛后，毕加索完成了一系列精彩的素描和雕版画作品。1958 年秋天从阿尔勒 (Arles) 的一次活动返回途中，他在待售的沃夫纳格城堡 (Château de Vauvenargues) 稍做停留，数天后他成了那里的主人。这座古堡坐落在圣维克多山 (Mont Ste.Victoire) 山脚下，因塞尚的风景画出名。几年来，他时常到那里隐居避暑，其间创作的画都带有水光、草地、苍松和亮白的石灰岩所组成的背景，而衣着光鲜的人物位于这些背景之前。正是在这种气氛中，毕加索开始受到马奈 (Manet) 的《草地上的午餐》〔*Déjeuner sur l'Herbe*，巴黎奥赛博物馆 (Musée d'Orsay)〕的影响，由此得到了灵感而着手创作另一系列变体。在沃夫纳格，毕加索将围绕在其周围的深色阴影和碧绿色彩引入画中，获得了一种连印象派画家都会嫉妒的空气效果。

不久，毕加索就在穆然 (Mougins) 附近发现了一处安居之所，这是一幢普罗旺斯风格的大型现代别墅。它有一个更为恰当的名字叫"生命圣母院"(Mas Notre Dame de Vie)，相比带有野性美的沃夫纳格或是迅速被各种高大的公寓所包围的加利佛尼亚别墅，这座别墅更适合他。毕加索于 1961 年搬到那里，他不断扩大这幢别墅，在那里新建了好几个工作室，并且过着隐居生活，几乎很少步入现实世界。他整日被那些创作工具和画材包围着，沉浸在创作中，时常工作到深夜。此外，毕加索的妻子雅克利娜（两人于 1961 年结婚）也一直热情地满足他的需求。

生命圣母院

住所的变迁并没有中断毕加索创作的主流。《草地上的午餐》系

图 13

抢夺萨宾妇女

1963 年；布面油彩；
195cm×130cm；
波士顿美术馆
（朱利安·切尼·爱德华收藏）

列绘画引发了对艺术家和他的模特（彩色图版 48）这个反复出现的主题的全新诠释。画家以丰富的多样性和前所未有的自由方式来处理颜料，重构了人体形式，使之前的发现得以重焕光彩。这一主题使他能够以各种方式充分表达他对女性形体（通常被视为风景画中必不可少的一部分）无穷的兴趣。1963 年，画家再一次引入了暴力因素，以《抢夺萨宾妇女》（The Rape of the Sabines，图 13）为主题，创作了画布从高达两米到小型尺寸不等的作品，但此时已经没有了《格尔尼卡》中所呈现出的痛苦。

像往常一样，在大量创作绘画作品期间，画家也穿插着其他表现方式。毕加索以他一如既往的绘画天赋，彻底变革了传统的麻胶版画（lino cut）技术，并用新的方法大量生产大型彩色版画，主题从夜晚光秃秃的电灯光下的水果静物到农牧神、公牛和马人这类田园场景。还有一些更小的充满想象力的肖像麻胶版画，主题为 16 世纪优雅的朝臣和女士们。在过去，贵族经常与剑、假发、斗篷和拉夫领（ruff）一起出现，这通常是对浮华的西班牙传统的讽刺，但在其他时候，毕加索的风格与伦勃朗（Rembrandt）更接近，而且有更多的田园风貌。正是这种特征，似乎将旧时的上层贵族同精致傲慢、自以为是的愚昧，以及毕加索对自己的内心感受相联系——现在他的才华得到举世公认——但他内心对他自己的成就依然保持怀疑，并且这种想法像阴影一般萦绕在他的心头。

这些可以在阿维尼翁（Avignon）教皇宫（Palais des Papes）的伟大展览中得到证实，当时有 165 幅油画和 46 幅素描展出，都是在 1969 年这一年中创作出来的。画面中主要描绘的是全副盛装（包括烟斗和宽边帽）的西班牙民兵（hidalgo），有时会出现苏巴朗（Zurbarán）作品中带有质朴感的僧侣们，而其他则是弗兰斯·哈尔斯（Frans Hals）画里最为放荡的朝臣形象。

20 世纪 60 年代早期，毕加索花了大量时间创作雕塑。他在立体主义早期用弯曲的硬纸板制作人物然后再自己上色完成的方式，再一次用来制作雕塑的初步模型，并在他的监督下用铁皮加固。其中很多都是雅克利娜的肖像，在上色金属的折叠表面之间，空荡荡的结构变得栩栩如生。这种技术直接的发展体现在芝加哥市政中心的纪念性钢铁雕像以及（纽约、马赛和其他许多城市的）其他喷砂混凝土雕塑中。这个过程以纪念碑的形式再创了一些铁皮雕塑，并在混凝土墙上刻下了毕加索专门为此所画的图画，因而具有巨大的价值。当中大多数作品，都体现了雕塑和绘画之间有着显而易见的联系，而主要人物所采用的规模尺寸则使得它们成为当代的不朽杰作。

毕加索也把他的大部分精力投入各种尺寸的雕版画上。1968 年夏天，他以极快的速度创作了一系列雕版画，共计 347 幅。画家的想象力创造了丰富多彩的主题，运用旧时的题材，如马戏团、酒神狂欢宴会、艺术家和他的模特，以及无所不在的贵族，充满了惊人的新鲜感。画家干脆利落地处理了这些人物形象，并运用了新的表现手法，仅仅是这就足够使一个成熟的艺术家（可能只到毕加索过半的年纪）大获成功。尤其是毕加索作品线条中透出的坚定感和他从未枯竭的想象力，都使得他在 90 岁的时候仍然是在世艺术家中最为朝气蓬勃的一位。

如今毕加索的名声是无可争议的，而且会被人们长久铭记。如果他想要利用自己所创造的财富，通过个人的劳动继续创作，他实际上可能是在世的人当中最有钱的，但这完全不及他那些活力满满的丰富思想及其所充分传达的纯粹乐趣，这种品质恰好印证了画家个人的发言："每一幅画都是一小管我的血液。这就是流淌在我画里的东西。"毕加索在晚年的隐居生活里愈加孤独，于是他越发地投入个人的艺术创作中。他所想要的只是简单朴素的生活，能够被妻子的爱意和关切所围绕。而他的工作是一出永不间断的戏剧，故事永远没有尽头，在这之中，对世界的好奇和怀疑一直激发着他那众所周知的创作活力。

图 14
毕加索照片

1904 年

生平简介

1881 年　10 月 25 日。巴勃罗·鲁伊斯·毕加索出生在马拉加。作为画家和美术教师的儿子，从小就展现出惊人的才能。

1895 年　和家人搬到巴塞罗那。考入美术学院。

1899 年　进入在"四只猫"（Els Quatre Gats）咖啡馆认识的艺术家圈子。

1900 年　和卡洛斯·卡萨吉玛斯（Carlos Casagemas）第一次参观巴黎。

1901 年　卡萨吉玛斯自杀。遇见马克斯·雅各布。在巴黎沃拉尔画廊举办展览。蓝色时期开始。

1904 年　搬进蒙马特的"洗衣船"。遇见费尔南德·奥利维耶、安德烈·萨尔蒙和纪尧姆·阿波利奈尔。

1905 年　参加里奥·斯坦和格特鲁德·斯坦沙龙，后来他们成为毕加索的朋友和重要资助人。粉色时期。

1906 年　夏天在戈索尔。受到伊比利亚雕塑的影响。

1907 年　创作《阿维尼翁的少女》。遇见乔治·布拉克并一起创立立体主义。遇见画商丹尼尔－亨利·坎魏勒（Daniel-Henry Kahnweiler）。

1910 年　夏天在卡达克斯（Cadaqués）度假。更加抽象的作品随之产生（分析立体主义盛期）。

1912 年　用裱糊纸和拼贴画改变立体主义绘画的表现方式（综合立体主义）。

1914 年　第一次世界大战爆发，与布拉克和德朗在阿维尼翁。

1917 年　和让·科克托一起参观罗马。为迪亚基列夫（Diaghilev）的俄罗斯芭蕾舞团及表演《欢庆游行》的帷幕提供设计。

1918 年　和舞伶奥尔加·科克洛娃结婚。

1921 年　儿子保罗出生。主要作品呈现古典风格。

1925 年　和超现实主义和解。创作《三个舞者》。

1927 年　开始和玛丽－泰蕾兹·瓦尔特联系。

1931 年　在布瓦热卢城堡里胡里奥·冈萨雷斯的帮助下制作焊接雕塑。

1933 年　《沃拉尔》系列蚀刻版画，从中加入个人神话想象中的米诺陶。

1935 年　由于婚姻破裂而暂时停止画画。开始写超现实主义诗歌。

1936 年　支持西班牙内战中的共和事业。担任普拉多博物馆馆长。与摄影师朵拉·玛尔相遇。

1937 年　为巴黎世界博览会上的西班牙馆创作《格尔尼卡》。

1941 年　创作剧本《被欲望愚弄的尾巴》。

1944 年　在德国占领时期停留巴黎。邂逅弗朗索瓦丝·吉洛（1943 年）。解放后加入共产党。

1947 年　在巴黎和法国南部往返。在瓦洛里斯做陶瓷。

1961 年　和雅克利娜·罗克结婚。隐居生活，但作品产量有增无减。

1973 年　4 月 8 日在穆然逝世。

参考文献

有很多书都或多或少地涉及毕加索。本书主要选择了一些最近的英文出版物。除此之外，还有一些于特定时期在媒体上公开的作品图录。

Ashton，D.，*Picasso on Art：A Selection of Views*，New York 1972.

Barr，A.H.，*Picasso. Fifty Years of his Art*，London 1975.

Berger，J.，*The Success and Failure of Picasso*，London 1965.

Blunt，A. and Pool，P.，*Picasso. The Formative Years*，London 1962.

Daix，P.，*La vie de peintre de Pablo Picasso*，Paris 1977.

Gasman，L.，*Mystery，Magic and Love in Picasso，1925-1938*.Ann Arbor 1981.

Golding，J.，*Cubism. A History and an Analysis, 1907-1914*，London 1988（3rd.ed.）

Leighton，P.，*Re-Ordering the Universe：Picasso and Anarchism，1897-1914*，Princeton 1989.

Lipton，E.，*Picasso Criticism 1901-1939. The Making of an Artist-Hero*，New York and London 1976.

McCully，M. ed.，*A Picasso Anthology*，London 1981.

Oppler，E.C.，*Picasso's Guernica*，New York and London 1988.

Penrose，R.，*Picasso. His Life and Work*，Berkeley and Los Angeles 1981（3rd ed.）.

Penrose，R. and Golding，J. eds.，*Pablo Picasso 1881-1973*，1973.

Rubin，W.，*Picasso in the Collection of the Museum of Modern Art*，New York 1972.

Zervos，C.，*Picasso*，Cahiers d'Art，Paris 1932-1978.

展览图录

Pablo Picasso. A Retrospective，The Museum of Modern Art，New York 1980.

'Primitivism' in 20th Century Art，The Museum of Modern Art，New York 1984.

Je suis le cahier. The sketchbooks of Picasso，Royal Academy，London 1986.

Les Demoiselles d'Avignon，Musée Picasso，Paris 1988.

Late Picasso，The Tate Gallery，London 1988.

Picasso and Braque. Pioneering Cubism，The Museum of Modern Art，New York 1989.

The New Classicism：Picasso，Léger and de Chirico，The Tate Gallery，London 1990.

插图列表

彩色图版

1. 自画像："我，毕加索"
   1901 年；布面油彩；74cm×60cm；1989 年 5 月 9 日，纽约苏富比拍卖行售出

2. 佩德罗·马纳克
   1901 年；布面油彩；105cm×71cm；国家美术馆（切斯特·戴尔收藏），华盛顿特区

3. 花瓶
   1901 年；布面油彩；65cm×50cm；私人收藏，瑞士

4. 抱鸽子的小男孩
   1901 年；布面油彩；73cm×54cm；国家美术馆，伦敦

5. 悲剧
   1903 年；板上油彩；105cm×69cm；国家美术馆（切斯特·戴尔收藏），华盛顿特区

6. 生活
   1903 年；布面油彩；197cm×129cm；克利夫兰美术馆（汉娜基金惠赠，1945 年）

7. 老吉他手
   1903 年；板上油彩；121.3cm×82.5cm；芝加哥艺术博物馆

8. 穿衬裙的女人
   1905 年；布面油彩；73cm×60cm；泰特美术馆，伦敦

9. 小丑一家
   1905 年；布面油彩；212.8cm×229.6cm；国家美术馆（切斯特·戴尔收藏），华盛顿特区

10. 三个荷兰女孩
    1905 年；纸上水彩，裱在硬纸板上；77cm×67cm；乔治·蓬皮杜中心，国立现代艺术博物馆，巴黎

11. 拿烟斗的小孩
    1905 年；布面油彩；100cm×81cm；约翰·海·惠特尼收藏，纽约

12. 红色背景的裸体画
    1906 年；布面油彩；81cm×54cm；橘园美术馆(让·华特－保罗·纪尧姆收藏），巴黎

13. 格特鲁德·斯坦画像
    1905—1906 年；布面油彩；99.6cm×81.3cm；美国大都会艺术博物馆（1946 年格特鲁德·斯坦惠赠），纽约

14. 拿着调色板的自画像
    1906 年；布面油彩；92cm×73cm；费城美术馆（加勒廷收藏）

15. 阿维尼翁的少女
    1907 年；布面油彩；243.9cm×233.7cm；现代艺术博物馆，纽约

16. 树神
    1908 年；布面油彩；185cm×108cm；俄罗斯艾尔米塔什博物馆，圣彼得堡

17. 三个女人
    1907 至 1908 年末；布面油彩；200cm×178cm；俄罗斯艾尔米塔什博物馆，圣彼得堡

18. 扶手椅中的裸体（坐着的女人）
    1909 年；布面油彩；92cm×73cm；私人收藏，法国

19. 坐着的裸体
    1909—1910 年；布面油彩；92cm×73cm；泰特美术馆，伦敦

20. 裸体
    1910 年；布面油彩；99.1cm×78.1cm；奥尔布赖特－诺克斯艺术馆，布法罗，纽约

21. 丹尼尔－亨利·坎魏勒画像
    1910 年；布面油彩；100.6cm×72.8cm；芝加哥艺术博物馆（吉尔伯特·W. 查普曼女士惠赠）

22. 小提琴和葡萄
    1912 年；布面油彩；50.6cm×61cm；现代艺术博物馆，纽约

23. 吉他、煤气灯和瓶子
    1913 年；布面油彩、沙子和炭笔；68.5cm×53.5cm；私人收藏，伦敦

24. 静物：纸牌、玻璃杯和瓶身写着"法兰西万岁"的朗姆酒瓶
    1914—1915 年；布面油彩和沙子；54.2cm× 65.4cm；利·B. 布洛克夫妇收藏，芝加哥

25. 彩衣小丑夏力
    1918 年；布面油彩；147cm×67cm；约瑟夫·普利策收藏，圣路易斯，密苏里州

26. 餐桌上的静物
    1920 年；布面油彩；165cm×110cm；诺顿·西蒙艺术博物馆，洛杉矶

27. 掠夺
   1920年；板上蛋彩；24cm×33cm；现代艺术博物馆(菲利普·L.古德温收藏)，纽约

28. 三个音乐家
   1921年；布面油彩；203cm×188cm；费城美术馆（加勒廷收藏）

29. 情人
   1923年；布面油彩；130cm×97cm；国家美术馆（切斯特·戴尔收藏），华盛顿特区

30. 奥尔加的肖像
   1923年；布面油彩；101cm×82cm；国家美术馆（切斯特·戴尔收藏），华盛顿特区

31. 弹曼陀林的女人
   1925年；布面油彩；130cm×97cm；曾藏于亚历山大·保罗·罗森伯格

32. 三个舞者
   1925年；布面油彩；215cm×143cm；泰特美术馆，伦敦

33. 浴女坐像
   1930年；布面油彩；164cm×130cm；现代艺术博物馆，纽约

34. 海边人物（亲吻）
   1931年；布面油彩；130.5cm×195.5cm；毕加索博物馆，巴黎

35. 雕塑家
   1931年；胶合板上油彩；128.5cm×96cm；毕加索博物馆，巴黎

36. 红色扶手椅上的裸女
   1932年；布面油彩；130cm×97cm；泰特美术馆，伦敦

37. 睡在扶手椅中的女人（梦）
   1932年；布面油彩；130cm×97cm；维克多·W.甘兹夫妇收藏，纽约

38. 缪斯女神
   1935年；布面油彩；130cm×165cm；乔治·蓬皮杜中心，国立现代艺术博物馆，巴黎

39. 哭泣的女人（局部）
   1937年；布面油彩；54cm×44.5cm；泰特美术馆，伦敦

40. 猫吞食鸟
   1939年；布面油彩；97cm×129cm；维克多·W.甘兹夫妇收藏，纽约

41. 戴鱼帽的女人
   1942年；布面油彩；100cm×81cm；阿姆斯特丹市立博物馆

42. 水罐、蜡烛和砂锅
   1945年；布面油彩；82cm×106cm；乔治·蓬皮杜中心，国立现代艺术博物馆，巴黎

43. 塞纳河畔的女人，仿库尔贝
   1950年；胶合板上油彩；100.5cm×201cm；巴塞尔美术馆

44. 山羊的头骨、瓶子和蜡烛
   1952年；布面油彩；89cm×116cm；泰特美术馆，伦敦

45. 烟鬼
   1953年；布面油彩；188cm×153cm；1989年5月10日，纽约佳士得拍卖行拍卖售出

46. 阿尔及尔的妇女，仿德拉克洛瓦
   1955年；布面油彩；114cm×146cm；维克多·W.甘兹夫妇收藏，纽约

47. a）用山羊头装饰的瓷盘　b）春天
   1956年；布面油彩；130cm×195cm；私人收藏，巴黎

48. 艺术家和他的模特
   1963年；布面油彩；私人收藏，巴黎

文中插图

1. 格尔尼卡
   1937年；布面油彩；350.5cm×782.3cm；普拉多博物馆，马德里

2. 招魂（卡萨吉玛斯的葬礼）
   1901年；布面油彩；150cm×90cm；巴黎现代艺术博物馆

3. 杂技演员一家和猴子
   1905年；纸板水粉、水彩、粉彩和印度墨汁；104cm×75cm；哥德堡艺术博物馆

4. 带头骨的静物画
   1908年；布面油彩；115cm×88cm；俄罗斯艾尔米塔什博物馆，圣彼得堡

5. 弹曼陀林的少女
   1910年；布面油彩；100.3cm×73.6cm；现代艺术博物馆，纽约

6. 藤椅静物
   1912年；油彩、油布、裱糊纸拼贴在椭圆形布上，绳索环绕；27cm×35cm；毕加索博物馆，巴黎

7. 从纽约来的经理
《欢庆游行》戏服；1917 年

8. 两个沐浴者
1920 年；粉彩；108.5cm×75.8cm；毕加索博物馆，巴黎

9. 米诺陶
1933 年；素描和拼贴画；在《米诺陶 1》的封面上重现

10. 米诺陶之战
1935 年；蚀刻和刮刀；49.8cm×69.3cm；毕加索博物馆，巴黎

11. 哭泣的女人
1937 年；布面油彩；54cm×44.5cm；泰特美术馆，伦敦；安东尼·彭罗斯收藏

12. 宫娥
1957 年；布面油彩；194cm×260cm；毕加索博物馆，巴塞罗那

13. 抢夺萨宾妇女
1963 年；布面油彩；195cm×130cm；波士顿美术馆（朱利安·切尼·爱德华收藏）

14. 毕加索照片，1904 年

对比插图

15. 拥抱
1903 年；水粉；尺寸不详；曾藏于唐豪瑟画廊，巴黎

16. 疯子
1904 年；纸上水彩；86cm×36cm；毕加索博物馆，巴塞罗那

17. 沐浴
1905 年；干刻；34cm×28.6cm；底特律艺术博物馆

18. 男子半身像（何塞普）
1907 年；纸上炭笔；63cm×48cm；梅尼勒艺术馆，休斯敦

19. 带有褶布的人体
1907 年；布面油彩；152cm×101cm；俄罗斯艾尔米塔什博物馆，圣彼得堡

20. 裸体立像习作（三个女人）
1908 年；纸上水彩和黑色蜡笔；62cm×41cm；大都会艺术博物馆，纽约

21. 女人头像（费尔南德）
1909 年；青铜；41.3cm×24.7cm×26.6cm；沃思堡艺术中心（J. 李·约翰逊三世夫妇惠赠），沃思堡，德克萨斯

22. 叼烟斗的男人
1912 年；炭笔；62.2cm×47cm；伊斯雷尔·罗森博士及其夫人收藏，巴尔的摩，马里兰州

23. 吉他
1912—1913 年；金属薄板、线和金属丝框架；77.5cm×35cm×19.5cm；现代艺术博物馆，纽约

24. 戴帽子的人
1912 年；裱糊纸、炭笔和墨水；62.2cm×47.3cm；现代艺术博物馆，纽约

25. 静物结构
1914 年；彩绘木结构和室内装修垂饰；25.4cm×45.7cm×9.2cm；泰特美术馆，伦敦

26. 彩衣小丑夏力
1915 年；布面油彩；183cm×105cm；现代艺术博物馆，纽约

27. 圣拉斐尔的窗口
1919 年；纸上水粉；35cm×24.8cm；私人收藏，纽约

28. 坐着擦脚的女人
1921 年；粉彩；65cm×50cm；伯格鲁恩收藏，国家美术馆，伦敦

29. 喷泉边的三个女人
1921 年；布面油彩；19cm×24cm；伯格鲁恩收藏，国家美术馆，伦敦

30. 斯特拉文斯基肖像
1917 年；铅笔；27cm×20cm；私人收藏，纽约

31. 戴羽毛帽的奥尔加
1920 年；铅笔明暗，炭笔勾勒；61cm×48.5cm；毕加索博物馆，巴黎

32. 四个芭蕾舞者
1925 年；钢笔和墨水；35cm×25cm；现代艺术博物馆，纽约

33. 解剖
1933 年；铅笔；同年在《米诺陶 1》上重现

34. 镜子前的女孩
1932 年；布面油彩；162.5cm×130cm；现代艺术博物馆，纽约

35. 山羊头骨
1951 年；钢笔、水墨；50.5cm×66cm；伯明翰博物馆和美术馆

36. 坐着的女性裸体
1956 年；101cm×77cm；波士顿美术馆（丹尼尔·塞登博格夫妇拟赠）

1

自画像：“我，毕加索”
Self-Portrait："Yo Picasso"

1901年;布面油彩;74cm×60cm;1989年5月9日,纽约苏富比拍卖行售出

　　《自画像：“我，毕加索”》可能在1901年举办的巴黎第一届西班牙青年作品展中展出过。1899年，毕加索已经抛弃了其父的学院派训练，并加入了巴塞罗那的现代艺术家队伍中。随后一年来到巴黎，他的风格很快就被当地大量正在销售的现代艺术品所同化。

　　毕加索充满活力的用色显然得益于凡·高。这幅作品和爱德华·蒙克（Edvard Munch）的自画像也有相似之处，两者都"从黑色的背景中迸发出精神力量"。毕加索在自画像中选择效法的两位艺术家，都象征着一种理想化的英雄创造者形象——一个被尼采（Nietzsche，人们在巴塞罗那热切地拜读他的文字）宣扬的形象。

　　毕加索将大片颜料毫无章法地抹在调色板或是画布上，描绘艺术大师自己的脸庞。画家借此向人们展示了他的艺术才华。人们已经从中瞥见了他此后闻名的炽热目光（*mirada fuerte*）。

2

佩德罗·马纳克
Pedro Manach

1901年;布面油彩;105cm×71cm;国家美术馆(切斯特·戴尔收藏),
华盛顿特区

　　这幅非常生动的图像采用了极为简约的绘画方式,它很好地证明
了毕加索宣称的"所有绝佳的肖像画在某种程度上都是漫画"。尽管
这幅画像海报一样简洁,但毕加索捕捉到了模特的本质特征。厚重的
轮廓线将色彩隔开,区分各个平面区域,这使人想起巴塞罗那艺术家
雷蒙·卡萨斯(Ramon Casas)生动的肖像画风格。

　　毕加索在首次巴黎之旅中遇见了画商佩德罗·马纳克。马纳克是
诺内利、卡纳尔斯(Canals)、皮索特(Pitxot)和马诺洛(Manolo)
的经销商,这些人都是毕加索在"四只猫"咖啡馆里见过的加泰罗尼
亚艺术家。马纳克每月给毕加索150法郎来换取一定数量的油画,同
时把毕加索介绍给交易商贝尔特·魏尔(Berthe Weill)认识。正是马
纳克为毕加索举办了第一次画展,这个画展办在巴黎的沃拉尔画廊。
展览上这幅马纳克肖像画(和彩色图版1)是对一位企业家和民族同
胞的一种惺惺相惜的描绘,这位画商使毕加索的作品轻松地进入了巴
黎市场。这是毕加索在接下来的十年里创作的众多画商肖像画中最早
的一幅。在这一历史关键时刻,私人画廊开始崭露头角,画商逐渐成
为艺术家和买家之间重要的中间人。

3

花瓶
Vase of Flowers

1901年;布面油彩;65cm×50cm;私人收藏,瑞士

　　一小簇花卉的描绘反映了毕加索在他此时的职业生涯里所体现的折中主义。其中一幅被列入沃拉尔展览的画作,其上有一个插着鸢尾花的花瓶,主要是用凡·高那样的手法将颜料进行厚涂。相比之下,《花瓶》纹理更为柔和,用色更加细腻。右侧有几小枝花颇为鲜艳明亮,形成了一抹戏剧性的色调对比。这样的花卉静物画令人想起了奥迪隆·雷东(Odilon Redon)甚至是高更的作品。在这十年中的头几年里,毕加索一直受象征主义影响,其作品与这种风格保持一致。

　　在毕加索的作品中,花卉图画相当罕见。用普遍接受的观点可以解释为,比起一个色彩师(colourist)他更像一个制图员(draughtsman)。但是,这也可能是毕加索经过学院派训练后遗留下来的观念,尽管他有很多不同形式的创作,只是令人诧异的是,他依然尊重学院派对类型和主题的等级划分。

4 抱鸽子的小男孩
Child Holding a Dove

1901年;布面油彩;73cm×54cm;国家美术馆,伦敦

　　毕加索的父亲曾经将鸽子作为宠物养着，它们经常出现在毕加索儿时的绘画里。这个题材正如斗牛一样，在他之后的艺术生涯里不断出现——最著名的是一幅石版画，这幅画曾经作为1949年一场和平大会的海报出现。《抱鸽子的小男孩》再现了雷诺阿笔下温柔天真的孩童形象。大面积平涂的色彩，再加上刻意强调的轮廓都让人回想起高更的分隔主义（cloisonnism）和纳比（Nabis）画派。

　　《抱鸽子的小男孩》里的忧郁色调和惆怅深思的情绪提前显示了毕加索蓝色时期的作品风格。蓝色在浪漫主义和颓废派艺术和文学中具有许多含义。塞尚在晚期作品中也主要运用了蓝色。象征主义者认为不同的颜色可以让人联想到某种特定的情绪，类似的说法可以通过说"布鲁斯"（the blues）这一常用说法来证实。[1] 伴随着色彩的限制，前一年的各种主题也随之消失：鲜花、卡巴莱歌舞表演和斗牛比赛这样的主题被郁郁不乐的放逐者形象替代。

---

[1] 英文单词 blue 不仅指代"蓝色"，同时具有引申意义，暗含"忧郁"的意思。——编者注

5

悲剧
The Tragedy

1903年;板上油彩;105cm×69cm;国家美术馆(切斯特·戴尔收藏),华盛顿特区

　　画面中一个蓄着胡子的男人驼着背，母亲和小男孩蜷缩着站在海边。标题所提到的悲剧性质仍旧指代不明。人们只能说，这一家人在途中流离失所，他们无家可归（20世纪的一个特殊困境）。人物瘦削纤细且程式化的形象取材于中世纪加泰罗尼亚雕像。皮维·德·夏凡纳（Puvis de Chavannes），这位19世纪画家在20世纪最初的十年里极受欢迎，他经常描绘一些晦涩难懂的神话作品，背景设置在海边。他的《渔夫》（The Fisherman）充满了一种和《悲剧》相似的世俗宗教气息。

　　伊西德罗·诺内利（Isidro Nonell）是一位加泰罗尼亚艺术家，他在个人的作品中体现了对穷人的同情，这对蓝色时期的毕加索产生了重要影响。毕加索的放逐者形象究竟在多大程度上受了他在巴塞罗那的朋友的无政府主义政治观点的影响，这一点尚有争议。在蓝色时期的大多数画中，时间和地点都极为抽象，似乎排除了这些画对社会进行了批判，更别说表达了一种笼统的异化论。另一种对毕加索反复描绘放逐者和局外人的解释是，这位现代艺术家感到与一般的社会价值观格格不入，因而能够在此类作品中表达个人边缘化的感受。

6

生活
La Vie

1903年;布面油彩;197cm×129cm;克利夫兰美术馆(汉娜基金惠赠,1945年)

图 15

拥抱

1903 年；水粉；尺寸不详；曾藏于唐豪瑟画廊，巴黎

《生活》从蓝色时期的主要题材——贫穷和社会疏离转变到爱情的不幸问题。它和 1901 年卡洛斯·卡萨吉玛斯的自杀事件有关，后者曾陪伴毕加索去往巴黎，而那是毕加索第一次去那个城市。据说卡萨吉玛斯曾由于阳痿而心生绝望；他喜欢一个叫热尔梅娜（Germaine）的女人。毕加索后来似乎还与这个女人产生了情爱纠葛。这桩发生在毕加索身边的真实悲剧为他对死亡和性爱的"世纪末"的思考提供了必不可少的原始材料。《招魂》（也叫《卡萨吉玛斯的葬礼》，1901 年，图 2）是对此件悲剧的悼念。悲恸的情愫占据了画面的下半部分，而在画面上方，一匹白马驮着卡萨吉玛斯向上飞升，途中经过三个裸体妓女。

两年后，毕加索在《生活》里回归这个主题。热尔梅娜和卡萨吉玛斯这对略带忧郁的情侣，相拥着蜷缩在画面左边。他缠着一条腰布，朝一个女人打着手势，禁止她上前。画面右边的这个女人模样憔悴，神情严厉，手中抱着一个婴儿。中间的两幅画将他们分开，进一步渲染了颓废和绝望的氛围。在最终的画面效果里，作品的设定和寓意都极为晦涩难懂。迈克尔·莱亚（Michael Leja）提出了一种观点，认为此画将神圣的爱和世俗的爱形成了鲜明的对比。他指出，母亲源于毕加索在圣拉扎尔医院（Hôpital St. Lazare）所画的妓女形象——她的爱中没有圣洁和幸福。《拥抱》（图 15）将类似的情感氛围汇集到了一个孕妇及其爱人那如同纪念碑式的形象当中。

7

老吉他手
The Old Guitarist

1903年;板上油彩;121.3cm×82.5cm;芝加哥艺术博物馆

图 16
疯子

1904 年;纸上水彩;
86cm×36cm;
毕加索博物馆,巴塞罗那

  一个乞丐在弹奏吉他,希望以此来乞求路人的施舍,这样的都市场景对当今观众来说并不陌生。画面体现了蓝色时期的悲怆情绪。瘦骨嶙峋的形象模仿了埃尔·格列柯笔下拉长的人物。人物放置在平坦的空间中,其姿势让人联想到复活的拉撒路(Lazarus)。但对老人来说,眼前唯一的救赎就是艺术。

  双目失明的吉他手是这位现代艺术家的一个缩影——像盲人一样从内心寻找艺术的灵感之源。当艺术家们从社会隐退进波希米亚(bohemia)时,他们试图净化自己的艺术。音乐被视作最纯粹和最抽象的艺术,它为绘画所能追求的境界提供了一个模板。这背后体现了毕加索对主题的选择。人们还推测,这个乞丐体现了一个现代艺术家的困境——他与资产阶级价值观格格不入,但却依赖于资产阶级的施舍,或者说,资助。《疯子》(图 16)描绘了另一种被人误解的局外人形象,这种形象自浪漫主义诞生以来就与艺术家相联系。

8

穿衬裙的女人
Woman in a Chemise

1905年;布面油彩;73cm×60cm;泰特美术馆,伦敦

图 17
沐浴

1905 年;干刻;
34cm×28.6cm;
底特律艺术博物馆

《穿衬裙的女人》是蓝色时期和粉色时期之间的过渡之作。在杂乱无章的空间里,这个年轻女子幽灵般的轮廓显得格外突出,尽管它脱离了意味不明的内容和故作哀婉的情愫,她体现的那份苍白和憔悴同样让人顿生凄凉。在其他作品中,这位盘起头发的模特以一个正在照顾孩子的形象被描绘出来,这可能解释了为什么要强调左乳房的轮廓。除了脸部周围是精细勾勒的之外,这个形象的其余部分似乎是草草完成的,尤其是背景,画家大胆地涂刷,其中的线条可以很明显辨认出是稀薄的颜料在上面淌下的痕迹。

《杂技演员一家和猴子》(图3)是稍晚一点的作品。这幅作品令人联想起了"神圣家族"的场景。毕加索以精致细腻的笔触记录了梅德拉诺马戏团(Cirque Medrano)杂技演员的私人生活瞬间,这是画家迫切寻找的陪伴:费尔南德·奥利维耶曾写道,"我们一个星期会去那里三四次",格特鲁德·斯坦(1905 年遇到毕加索)补充说,"他们(毕加索和他的朋友们)觉得很高兴,因为他们有幸可以亲近小丑、杂技演员、马匹和它们的骑手"。《沐浴》(图 17)是献给阿波利奈尔的作品,他在象征主义期刊《羽毛笔》中写过他们的事情,表示他们与马戏团的工作人员熟络,并且受到了马戏团的欢迎;画家想要和马戏团工作人员一起出现的愿望在《小丑一家》(彩色图版 9)中进一步体现出来。

9

小丑一家
Family of Saltimbanques

1905年;布面油彩;212.8cm×229.6cm;国家美术馆(切斯特·戴尔收藏),华盛顿特区

"可他们是谁,告诉我,这些流浪者,这些比我们还要些许易逝的人……?"诗人赖内·马利亚·里尔克(Rainer Maria Rilke)针对《小丑一家》问道。这幅神秘的作品是当时毕加索画过的尺寸最大的作品,它将之前创作的素描、版画和油画中的马戏演员阵容汇聚起来,达到了短暂的粉色时期的高峰。这个群体背井离乡,再加上没有任何明确的纽带可以将他们凝聚在一起,贴切地传达了什么叫"局外人高傲的孤独"。

流浪艺人是最底层的杂技演员,他们从一个城镇辗转到另一个城镇,在露天广场上即兴表演;小丑夏力是意大利即兴喜剧(Commedia dell'Arte)中的一个人物;弄臣(jester)来源于中世纪和文艺复兴时期的宫廷。毕加索把这三种类型混合在一起,就像在马戏团里发生的一样。作为对里克尔的回复,有人提出这些流浪艺人象征着毕加索的交际圈:毕加索是穿着菱形图案衣服的小丑夏力;他的波西米亚同盟诗人马克斯·雅各布是年轻的杂技演员;纪尧姆·阿波利奈尔是图中那个胖胖的弄臣;而他的情妇费尔南德·奥利维耶心不在焉地盯着画外。

同年,毕加索在《狡兔酒吧》(Au Lapin Agile)中明确了对小丑夏力的自我认同,他以一个郁郁寡欢的小丑形象出现在蒙马特著名的"狡兔酒吧"里。画家这一面性格(见彩色图版25和28)时不时在作品中出现,而在20世纪30年代晚期,米诺陶(图9和10)扮演了类似的角色。

10

三个荷兰女孩
Three Dutch Girls

1905年;纸上水彩,裱在硬纸板上;77cm×67cm;乔治·蓬皮杜中心,国立现代艺术博物馆,巴黎

  毕加索在完成《小丑一家》后不久就出发去了荷兰。众所周知,他是被年轻作家汤姆·斯奇尔普尔(Tom Schilperoort)邀请过去的,他们一起住在阿尔卡玛(Alkmaar)附近的肖尔村(Schoorl)。几乎没有关于这次旅行的记录,但皮埃尔·戴克斯(Pierre Daix)推测,毕加索一定是被当地居民"完美的比例、美丽的金发和珍珠般洁白的肌肤"所吸引。这幅画是画家在这次短暂逗留里创作的完成度最高的作品,当中的模特似乎充分符合以上这些特质。正面人体的坚实感和圆润的轮廓线暗示了画家向更为古典的风格转变,并且在接下来的一年里,这种风格都占据主导地位。《三个荷兰女孩》表现的同样是静态的形象;"美惠三女神"朴素得体的曲线与房子的几何形体及其投下的阴影形成了一种悦人的对比。蓝色时期和粉色时期的矫揉造作被极有分寸的自我克制取代。

  1918年之后的几年里,古典主义在毕加索的作品中最为突出。事实上,这是他的第二个古典阶段;第一个阶段是在1905—1906年,对形体的关注可以证明这一点。这种向古典主义的转变发生在许多作家试图复兴法国拉丁传统(French Latin Traditions)并摈弃从英国和德国引进的颓废派文学的背景下。对于毕加索来说,在形式中体现的古典绘画语言根植于他最早的学院派训练中,与此同时他又出人意料地保留着自己的民族特色。

11 拿烟斗的小孩

Boy with a Pipe

1905年;布面油彩;100cm×81cm;约翰·海·惠特尼收藏,纽约

　　毕加索从荷兰回来后，画了《拿烟斗的小孩》。它与一幅年轻女孩拿扇子的画相对应，女孩精准的轮廓和僧侣式的姿态源自埃及艺术。这个少年也有着类似的深沉气质。他苍白的肤色和环绕在他头上的花环显示他是一个诗人——它令人回想起了毕加索在1900年创作的一幅关于颓废诗人杰米·萨巴特（Jaime Sabartés）的素描，但是那幅作品当时是出于讽刺目的画的。为什么要这样略带造作地拿着一个烟斗？这个问题的答案并不清楚。戴克斯推测此时鸦片可能已经传入了"洗衣船"；虽然证据不足，但很明显这幅画确实有另一番世俗的气息。

　　这个模特形象显然是从毕加索认识的杂技演员和马戏团演员那里获得灵感的。魔术师和杂技演员的形象体现了一种平衡和宁静，他们频繁出现在画家笔下，正如古典冲动在此时占据上风。1905年年末，毕加索画了好几幅速写，画面当中有一个骑在马背上的裸体青年与《拿烟斗的小孩》中的姿势惊人地相似。从1905年起毕加索笔下的裸体男孩画统一采用了古典式的比例，让人想起希腊青年立像库罗斯（*kouroi*）。

12

红色背景的裸体画

Nude against a Red Background

1906年;布面油彩;81cm×54cm;橘园美术馆(让·华特–保罗·纪尧姆收藏),巴黎

    毕加索倾向模仿古典,于是从雕塑中获取绘画的灵感,因此他的画变得更加厚重且富有体量感。这在 1906 年晚期达到极致。《红色背景的裸体画》画于那年的夏秋之际,并展示了毕加索是如何彻底地抛弃粉色时期纤细的身材类型的。主要体量的轮廓刻画得十分清晰。画家十分注重对人体的描绘,没有什么能让他分心:模特似乎也意识到了这一点,她入迷地看着自己的身体。再加上对塑形的强调,这幅油画的色彩处理更具质感(这类非常原始美丽的颜料表面在一些后期作品中会再次出现;见彩色图版 45)。颜色呈砖红色,就像烧红的陶器。

    《红色背景的裸体画》为《阿维尼翁的少女》的习作打开了先例。画面中的裸女已经完全背离古典式理想美和比例;头部过大,肘部突出,肩膀太宽,臀部过窄,感觉带了点男性气息,看上去有些古怪。可以从面部特征辨别出来这一背离古典的创作风格是画家受到了伊比利亚雕像的影响。泽尔沃斯(Zervos)准确地指出:"在这门艺术[伊比利亚]的本质元素中,他(毕加索)得到了必不可少的支持以打破学院派传统,他突破原有的创作手法,挑战所有美学法则。"

13

格特鲁德·斯坦画像
Portrait of Gertrude Stein

1905—1906年;布面油彩;99.6cm×81.3cm;美国大都会艺术博物馆(1946年格特鲁德·斯坦赠),纽约

　　这幅格特鲁德·斯坦肖像画是现代艺术的经典传说之一。斯坦在《爱丽丝·托克拉斯自传》(*The Autobiography of Alice B. Toklas*)中描述了1906年的冬天她是如何为了自己的肖像画当了80次模特的。在前往戈索尔(比利牛斯山脉中的一个偏僻村庄,毕加索在那住了一个夏天)之前,毕加索还是不满意,就用颜料涂掉了面部。在斯坦从意大利夏日度假回来之前,毕加索在回程的途中重画了头部。在此期间,卢浮宫里展出了几个刚刚挖掘出来的伊比利亚浅浮雕,毕加索肯定也见过这些雕像。头部的形状和面具般的脸部细节可以明显体现出毕加索也借鉴了这种前罗马风格:"眼睑像杯口一样",嘴巴像一条切割出来的线。图式化的脸部将它与画面其余更具自然主义特点的部分隔离开来——这种分离显示了毕加索在这一时期飞快的发展速度。

　　尽管如此,大多数评论家现在一致认为毕加索所画的这幅肖像跟真人依然具有极为惊人的相似度,这再次体现了他作为漫画家的精湛技艺。这幅画体现了扭曲变形的漫画与艺术家对原始艺术的态度之间的微妙关系。

　　格特鲁德·斯坦对画面出来的效果感到非常高兴:"他把这张画送给我,从过去到现在我一直都对这幅肖像画很满意,对我而言,这就是我,这是我独一无二的复制品,对我来说,这将一直是我本人。"画中茫然的面孔已经揭示了主题的本质。

14

拿着调色板的自画像
Self-Portrait with Palette

1906年;布面油彩;92cm×73cm;费城美术馆(加勒廷收藏)

图 18
男子半身像
（何塞普）

1907 年；纸上炭笔；
63cm×48cm；
梅尼勒艺术馆，休斯敦

《拿着调色板的自画像》中，毕加索将伊比利亚风格应用于自己身上。毕加索用原始风格来描绘自己，这是想要成为原始土著的高更早就用过的手法。通过复兴古老的西班牙起源，毕加索似乎又回到了他自己真正的根基（不像高更）。那年夏天他游览了一个远离现代化的村庄——戈索尔，这恰好贴合了他这一探索。

这幅自画像的创作时间比《格特鲁德·斯坦画像》稍晚些。这种程式化的面相略带异国情调，也许是摩尔人式（Moorish）的。椭圆形的头部放置在锁骨的最高处，相比起斯坦肖像画，此画中头部与身体的其他部分更为紧密地连接在一起。与1901年放荡不羁的自画像（彩色图版1）形成鲜明对比的是，图中的毕加索穿着朴素的农民衣衫，看起来更加老到干练。

此时此刻，毕加索正准备通过《阿维尼翁的少女》中大胆的原始主义来争取先锋派的领导地位。毕加索在戈索尔创作的一系列老人素描（图18）直接推动他对少女的脸部进行更加激烈的扭曲。

15 阿维尼翁的少女
Les Demoiselles d'Avignon

1907年;布面油彩;243.9cm×233.7cm;现代艺术博物馆,纽约

图 19
带有褶布的人体

1907 年；布面油彩；
152cm×101cm；
俄罗斯艾尔米塔什博物馆，
圣彼得堡

在 1920 年有关毕加索的一篇文章中，安德烈·萨尔蒙提出：《阿维尼翁的少女》是"当代艺术之火爆发的永不熄灭的火山口"。五个妓女就在这些观者面前，好像我们也站在她们当中——马奈以《奥林匹亚》（*Olympia*）开场，而毕加索把这一引起公愤的事件放大了五倍。没有一幅画可以更好地概括现代艺术极具斗争性且反对传统的立场。

《阿维尼翁的少女》推翻了文艺复兴以来支配绘画世界的透视系统。图画不再遵照单一视点；身体从多个不同的视角被分解成几个部分。这一革新比《带有褶布的人体》（*Figure with Drapery*，图 19）似乎更进一步，其中立体主义的几何切面已经初现。让人物周围的空间坚实得如同垂褶布那般的想法可能源于埃尔·格列柯。另一个对毕加索产生重要影响的是塞尚晚期的沐浴者画。

毕加索分了两个阶段来画《阿维尼翁的少女》。在访问人类博物馆（Musée de l'Homme，法国巴黎）以后，毕加索意识到非洲艺术的力量，于是他重新刻画了三位远离中心的人物的头部。《阿维尼翁的少女》里，右边人物生硬野蛮，与中心人物形成鲜明对比。中间的人物体现了他早前伊比利亚阶段的绘画特点——古怪的螺旋形耳朵取材于他个人收藏的一座伊比利亚半身人像。

《阿维尼翁的少女》直到 1916 年才公开展示，但是最初只有他的艺术家和诗人朋友们看到过这幅作品，当时他们都很震撼，并且表示难以理解。

16 树神

The Dryad

1908年;布面油彩;185cm×108cm;俄罗斯艾尔米塔什博物馆,圣彼得堡

　　色情与原始主义是毕加索 1908 年主要的题材。《带头骨的静物画》（图 4）画的是前者。在工作室里，观者和一幅裸体女性习作之间放了一个头骨，裸女保持着一个充满露骨的色情意味的妖娆姿势。这种死亡与性爱的联想可能是指性病，而毕加索很明显有充分的理由害怕这种疾病。

　　《树神》里这个在森林树冠中浮现出的呈蹲伏状的裸体人物进一步体现了原始主义的主题。树神是一个森林宁芙；这个神话人物的面孔和身体肯定是由她所栖居的地方砍下来的原材料制成的。两肩之间、躯干和下半身之间的视角很明显是相互矛盾的。这样的扭曲只有在我们太过靠近一件事物而无法立马看到整体时才会发生，它表现了一种强有力的雕塑效果。

　　在画《树神》前不久，毕加索曾在"森林之路"（La Rue-des-Bois）上画过许多几何景观，由此可能创造了一个居住在那里的原始森林女神的形象。

17 三个女人
Three Women

1907至1908年末;布面油彩;200cm×178cm;俄罗斯艾尔米塔什博物馆,圣彼得堡

图 20
裸体立像习作（三个女人）

1908 年；纸上水彩和黑色蜡笔；
62cm×41cm；
大都会艺术博物馆，纽约

《三个女人》在此前由于收藏地而一直被众人忽视。然而，它在许多方面都与《阿维尼翁的少女》有相似之处。与后者一样，它分两个阶段完成。1907 年末，毕加索对森林五浴者的作品创作了初步的习作，这无疑是对在秋季沙龙（Salon d'Automne）上举办的塞尚纪念展览的一种回应。两个人物从中分离出来单独作为一幅图，名叫《友谊》，这幅画随之演变成了现在的样子。画家在单个人物习作中将身体各个团块解析成扇形切面（图 20）。她们的姿势非常大胆露骨，使人回想起那些健美运动员，而高举手臂从而暴露腋窝这样的举止在高雅艺术中往往也带有色情意味。

作品最后呈现出来的效果是把这些人物密集地组合在一起，在她们之间几乎看不到空隙。她们似乎与邻近的岩石边角融合在了一起：同样是砖红色的，仿佛是从石头里凿出来的。这个画面上的平坦切面给人留下一种浮雕的印象。

《三个女人》结束了画家自《阿维尼翁的少女》开始的那一阶段的作品风格，但它依然影响着后续的作品。此后战前岁月里的立体主义作品均是尺寸较小的架上绘画，露骨的色情主义和原始主义也逐渐消退了。

18

扶手椅中的裸体（坐着的女人）
Nude in an Armchair（Seated Woman）

1909年;布面油彩;92cm×73cm;私人收藏,法国

图 21
女人头像（费尔南德）

1909 年；青铜；
41.3cm×24.7cm×26.6cm；
沃思堡艺术中心（J. 李·约
翰逊三世夫妇惠赠），沃思
堡，德克萨斯

《扶手椅中的裸体》画于 1909 年的夏天，当时毕加索正和他的情人费尔南德·奥利维耶在西班牙的一个偏远村庄埃尔布罗（Horta de Ebro）度假。它描绘了费尔南德的头部和裸体躯干，她看上去像是坐在露天环境中：背景里左边是树木，右边是一座房子的拐角。模特身体的形式被解析成一些简单的几何平面，毕加索采用了强烈的塑形手段细致描绘这些平面，但各个平面之间又隐隐约约交叉连接在一起，这尤其体现在右臂上。当眼睛扫视图像时，会产生一种波光粼粼的效果。（之后，我们在立体主义绘画中就难以清晰地辨认出各个物体了。）

我们能够通过颜色将费尔南德从背景中区分出来。但是，这种色彩的差异又在其他图形中被侵蚀，其中绿色从背景转移了到人物身上，相反赭色却成了背景，从而使整个画面更加和谐统一。

闪烁的平坦表面在毕加索对埃尔布罗镇的风景画中被更完美地呈现出来。当时的抓拍显示了绘画中的立体结构受建筑物本身的启发有多深。根据格特鲁德·斯坦的说法，"立体主义是西班牙日常生活的一部分，它存在于西班牙建筑之中"。然而，布拉克已经在他最近的法国风景画中取得了类似的成果。

回到巴黎时，毕加索创作了一个费尔南德的青铜胸像（图 21），将这些立体主义形式重新转移到三维空间中。

19

坐着的裸体
Seated Nude

1909—1910年;布面油彩;92cm×73cm;泰特美术馆,伦敦

《坐着的裸体》延续了上一幅作品里将身体分割为不同切面的手法，并将这种手法带入了最后阶段。画面中的姿势也与《扶手椅中的裸体》非常相似，尽管现在看来也许更接近古典的"含羞的维纳斯"（*venus pudica*）。为了和古典雕像保持一致，裸体的周围表现成了一个雕塑龛。

柔和的色彩——在基本上单一的色彩区域中仅以绿色和赭色笔触点缀——是分析立体主义阶段的一个显著特征。这样带着些许银色和夜光般质感的画面，极具一种抒情的特质。阿波利奈尔在写布拉克时提及："他画里的珍珠母为我们的理解提供了炽热之光。"在《坐着的裸体》中，金属质感的阴影和几何形体给人物添加了一抹神秘的机械效果。

人们误以为立体主义就是通过从很多不同的角度观察物体以提供一个更客观或更完整的世界观。毕加索专门提出，立体派绘画中的现实主义就像香水一样难以捉摸。实际上，立体主义很大程度上归功于20世纪最初的十年中一直流行的象征主义态度。象征主义强调了艺术家的主观观念，而不是将艺术视为自然的镜子。

20

裸体
Nude

1910年;布面油彩;99.1cm×78.1cm;奥尔布赖特–诺克斯艺术馆,
布法罗,纽约

这个形象从画布的边缘出发，清楚地显示了立体主义网格或支架的出现。通过与画的外缘相呼应，这个手法专注于将这幅绘画作品作为一个独立的物体，把它从平常所呈现的世界分开。在这幅画里，画家用这些线条在空间中划分了不同的平面。这个人物同样是由一个简单的结构骨架建立起来的，它的基本垂直线和对角线与背景中的平面保持一致。人物身体的轮廓是不完整的，并且在这些点上，这个人物呈现出透明的效果，与玻璃般的背景融为一体。

曲线和涂绘的高光主要集中在人物的臀部和肩膀区域。这些部位引起了人们的密切关注，因为毕加索试图让这个人物呈现出动态效果。立体派表现运动的手法最初是由意大利的未来主义艺术家创造出来的，尤其体现在马塞尔·杜尚（Marcel Duchamp）那幅著名的《下楼的裸女》（Nude Descending a Staircase）上。

人们试图将立体主义绘画中特定的空间和物体的透明感与现代发明比如X射线联系起来。

然而，超现实主义诗人安德烈·布勒东在写毕加索时提到了这些宏伟巨作的本质："在他的作品中，所谓的'分析性'立体主义的牢固框架很快就要在狂风中摇摇欲坠，像鬼魂一样游荡。在我看来，这一时期的作品是他整个创作生涯中最具吸引力的部分，咒语的魔力丝毫没有减弱的迹象。"

21

丹尼尔－亨利·坎魏勒画像
Portrait of Daniel-Henry Kahnweiler

1910年;布面油彩;100.6cm×72.8cm;芝加哥艺术博物馆(吉尔伯特·W.查普曼女士惠赠)

图 22
叼烟斗的男人

1912 年；炭笔；
62.2cm×47cm；
伊斯雷尔·罗森博士
及其夫人收藏,巴尔的
摩，马里兰州

坎魏勒是第一次世界大战前大部分立体派画家的经销商。他与画家签订独家合同，同意买下他们所有的作品。作为交换，画家们不能在公共沙龙里展出个人的作品。这些商业举措可能使得立体主义处于比较封闭的状态；这毫无疑问意味着在公开场合基本看不见毕加索和布拉克的作品，尽管人们普遍认为他们是这种风格的发明者。

这幅画是分析性立体主义盛期的杰作之一。它由许多晶体小切面组成，这些小切面朦胧地分布在空间里，甚至渗透到了人物当中。人物主体框架上简单的轮廓体系足以表明模特的主要特征——毕加索从漫画家的角度来阐释细节的手法在此处得到充分发挥。这些线性元素可以在素描和蚀刻版画中得到更好的理解（图 22）。

这幅画的创作过程极为细致，充满美感。毕加索在一封写给布拉克的信中概述了他的创作手法："在新的画布上，一开始使用非常稀薄的颜料，[然后]用西涅克（Signac）式的点彩技法涂绘，最后通过渐变色加以薄涂。"从西班牙海岸的卡达克斯度假归来后不久，毕加索就画了《丹尼尔－亨利·坎魏勒画像》，而罗兰·彭罗斯无疑从这些波光粼粼的海面上倒映的轮廓上找到了建筑的痕迹。

22

小提琴和葡萄
Violin and Grapes

1912年;布面油彩;50.6cm×61cm;现代艺术博物馆,纽约

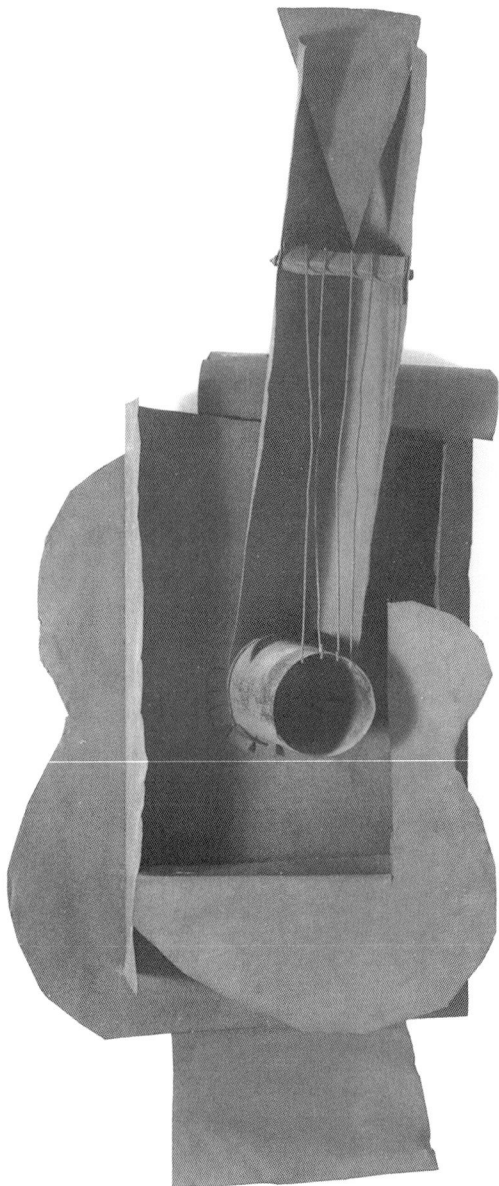

  1912 年，立体主义作品大大地丰富起来。最明显的是，色彩又悄悄回到了分析立体主义盛期的单色领域。在颜料中加入沙子，模仿木头的纹理，画作形成了纹理斑驳的表面。许多类似这样的创新都是布拉克带来的，他曾经是一名室内装饰师学徒；他是第一个使用油漆工的刷子来仿制树木图案的人。受此启发，毕加索不仅用球杆来做木纹，还用它来画或"梳"毛发。在《小提琴和葡萄》中，他成功地结合了至少四种方法来制作木质表面。

  毕加索和布拉克之间这场充满智慧的视觉对话在 1912 年达到了新的高度；萨尔蒙回忆说，"我们创造了一个虚假的世界，充斥着无数的笑话、仪式和表达，这些都是别人无法理解的"。在他们的绘画里，许多涉及音乐的部分都有象征主义的痕迹，但是将乐器融进画面当中也是一个绝佳机会，这样他们就能够醉心于同阿波利奈尔一样的趣味——使用双关语表达视觉律动：是吉他还是女人的身体？或者说——当它的末端被打开时——就变成了一张脸（参见图 24）。

  1912 年的冬天，毕加索用金属薄板制作了《吉他》（图 23），开创了一种开放式雕塑的新形式。

图 23

吉他

1912—1913 年；金属薄板、
线和金属丝框架；
77.5cm×35cm×19.5cm；
现代艺术博物馆，纽约

23

吉他、煤气灯和瓶子
Guitar, Gas-Jet and Bottle

1913年;布面油彩、沙子和炭笔;68.5cm×53.5cm;私人收藏,伦敦

图 24
戴帽子的人

1912 年;裱糊纸、炭笔和墨水;
62.2cm×47.3cm;
现代艺术博物馆,纽约

在 1912 年的后期，布拉克再次抢在毕加索前面通过粘贴木纹壁纸来制作静物画的背景。这是第一张拼贴画。这项新技术使大片平面色块与用炭笔绘制的线性元素结合在一起，正如《戴帽子的人》（ *Man with a Hat*，图 24 ）那样。此外，后续加入其中的剪报还涉及外界政治事件、流行文化等，由此侵入到了立体派静物画封闭的审美世界中。

像《吉他、煤气灯和瓶子》这样把这些效果转移到绘画上就表明了综合立体主义绘画开始出现。剩余的线性元素是如此简略，所以看起来几乎是随性而至——一个圆既可以作为吉他的音孔，也可以是它右边的一个玻璃瓶的边缘。通过右侧的瓶子可以看到，毕加索现在可以在绘画中十分大胆地以立体主义与老旧的自然主义对抗了：瓶子里的溶液必须倒进旁边立体主义风格的杯子里才能喝! 这个矛盾由这两个物体投下的阴影组成。

立体派绘画中各种日常生活的物体组合（如《吉他、煤气灯和瓶子》）使得外界的观众能够有幸一瞥画家们放荡不羁的一面："他们的烟斗、他们的烟草、挂在沙发上的吉他，或放在咖啡桌上的苏打汽水瓶，除此之外，还有什么可以使人们更加熟悉蒙马特或蒙帕纳斯（Montparnasse）的一个或一群画家吗 ?"毕加索问道。

24

静物：纸牌、玻璃杯和瓶身写着"法兰西万岁"的朗姆酒瓶

Still Life with Cards, Glasses and a Bottle of Rum : "Vive la France"

1914—1915年;布面油彩和沙子;54.2cm× 65.4cm;利·B.布洛克夫妇收藏,芝加哥

　　1914年夏天，毕加索在阿维尼翁创作的画达到了战前立体主义的高潮。他把一切都堆入这幅静物画中，由此产生了一种狂热的巴洛克式（Baroque）繁荣。底色采用了马蒂斯式的浓重绿色，与之对应的是色彩丰富的花卉墙纸，同时借用修拉（Seurat）的点彩画法加以点缀。自然主义的窗帘已经拉上，显示的是杂乱无章地堆叠在一起且人们长久以来熟悉的立体派物体：纸牌〔暗指马拉美（Mallarmé）的一首著名诗歌〕、玻璃杯（杯缘是椭圆形的，就像从透视图中看到的那样）、梨子（一个是立体主义风格，另一个是自然主义风格）和一个朗姆酒瓶（他在旁边加了一个用略带讽刺的稚拙风格来刻画的花瓶）。在这个噱头之下，毕加索重复运用了一个他早期作品（图6）里的玩笑：字母"JOUR"摘自静物画里的一份标题为 *Le Journal* 的报纸。但它是 *jeu*（游戏）和 *jouer*（玩耍）的双关语缩写，因而它是以一种插科打诨的方式对整个作品进行评论。

　　这幅异想天开的立体主义静物作品（图25）有自己的背景墙和"框架"，并将这种奇思妙想延伸到三维立体空间里。

　　这幅静物画的左边有一个杯子，上面画了两面三色国旗，国旗上方写着"VIVE LA"（万岁）。战争爆发后，布拉克被征召入伍。西方艺术中最具创造力的时刻之一到此就结束了。

图 25
静物结构

1914 年；彩绘木结构和室内装修垂饰；
25.4cm×45.7cm×9.2cm；
泰特美术馆，伦敦

25

彩衣小丑夏力

Harlequin

1918年;布面油彩;147cm×67cm;约瑟夫·普利策收藏,圣路易斯,密苏里州

图 26

彩衣小丑夏力

1915 年；布面油彩；
183cm×105cm；
现代艺术博物馆，纽约

毕加索在粉色时期显露的对即兴喜剧母题的兴趣在十年后被重新点燃。1917 年，他来到罗马，为《欢庆游行》工作，这是一个关于世界马戏表演的芭蕾舞剧。在意大利期间，他和斯特拉文斯基（Stravinsky，见图 30）一起参加了在那不勒斯的即兴喜剧的表演。

回顾第一次世界大战之后喜剧题材的流行程度，立体派雕塑家雅克·里普希茨（Jacques Lipchitz）写道："白衣小丑皮洛和彩衣小丑夏力是我们常规绘画语汇的一部分。"喜剧为我们提供了一个机会，可以在现代的艺术风格中恢复传统主题：后期立体主义的技巧很符合乔装和假面舞会的主题。

由于在老一套的喜剧类型中注入了个人层面的意义，毕加索在某种程度上脱离了更加大众化的风尚。1915 年，他的情妇埃娃·古埃尔（Eva Gouel）的病情加重了他在战争时期的痛苦，她很快就死于结核病。《彩衣小丑夏力》（图 26）反映了画家深深的绝望：这个人物摇摇欲坠，处于一片不祥的黑暗环境之中。由丑角所持的空白画布暗示毕加索因自身不稳定的精神状态所引起的创作空白。

到了 1918 年，这种情绪已大大减轻了。后来创作的这幅《彩衣小丑夏力》展示了战争结束时立体主义惊人的灵活性，值得注意的是头部表现方式的多样性。这段时间里非常典型的特点是各个平面相互交叠，占据了高度压缩的空间。

26

餐桌上的静物
Still Life on a Table

1920年;布面油彩;165cm×110cm;诺顿•西蒙艺术博物馆,洛杉矶

图 27

圣拉斐尔的窗口

1919 年；纸上水粉；
35cm×24.8cm；
私人收藏，纽约

立体主义主要探索的是静物的封闭空间。在 1912 年以后的综合立体主义阶段，立体派艺术家只通过平面的重叠来体现深度。1915 年，胡安•格里斯（Juan Gris）将静物放在一扇窗户前，窗外是蒙马特的拉维尼昂大街的景色，他以这样的方式将立体主义的浅层空间与带有景深感的风景进行比较。在画面中绘制开口的效果之一就是创造了一个在视觉上令人兴奋的内部空间和外部空间的结合。在 1919 年的《圣拉斐尔的窗口》（*Open Window at St. Raphael*，图 27）中，毕加索利用这次机会在单幅画中同时采用了立体主义和自然主义的手法（他自 1914 年以来就将这两种手法分开进行创作）。这个静物元素被放置在一个不太结实的台子上。

《餐桌上的静物》——绘有巴黎佩蒂耶夫大街的景色——包含许多相同的元素，只是它们像拼图一样被打乱了，等待观看者将它们重新拼回去。圆形的装饰小桌（*gueridon*）在许多布拉克后期的静物画里都有出现。桌面上放着一个果盘（*compotier*）和一把吉他，背景处还有一排房子的立面！这些物体框起来的结构就好像是在画里创造了第二幅画，给这个图案谜语新添了一个难题。

《餐桌上的静物》独具冲突的生命力证明了立体主义在战后的延续。一个新的发展是从 1923 年开始引入弯曲的有机形状。

27

掠夺
The Rape

1920年;板上蛋彩;24cm×33cm;现代艺术博物馆〔菲利普·L.古德温(Philip L.Goodwin)收藏〕,纽约

图 28
坐着擦脚的女人

1921 年；粉彩；
65cm×50cm；
伯格鲁恩收藏，国家
美术馆，伦敦

　　《掠夺》是一幅有特殊内涵的画[①]，是从宏大的历史叙述中节录出的一条单线。这是一幅小型战争画，其戏剧性在于画中女人苦苦哀求的态度，她正被劫持者从躺在地上的战士身边拉走。人们会想起，第一次世界大战之后，法国不得不承受胜利的代价，哀悼她的牺牲者。

　　特奥多尔·阿多尔诺(Theodor Adorno) 评论道："博物馆(museum)和陵墓(mausoleum) 相互关联不仅仅是因为发音近似。"战争期间关闭的卢浮宫，在 1919 年和 1920 年分阶段重新开放。曾经发誓要将这宏伟的法国文化宝库夷为平地的先锋艺术家们现在成群结队地回来了。复兴古典主题和风格的倡议——回归秩序(*rappel a l'ordre*)——被一种缅怀过去的气氛所包围，因为往昔的辉煌在经历了残酷的战争以后已经一去不复返了。

　　《掠夺》是毕加索从 1920 年开始创作的几幅运用古典主题的板上蛋彩画之一。呆板的人物风格和赤土色无疑具有古风韵味，令人回想起毕加索在 1917 年访问庞贝(Pompeii) 时可能看到的湿壁画。一幅名为《坐着擦脚的女人》(图 28) 的粉彩画展示了这一时期典型的庄严宏伟；她的姿势是对罗马雕塑《挑刺的男孩》(*Spinario*) 教科书式的模仿。

[①] 此处原为 "a picture in quotation marks"，直译为 "一幅置于引号中的画"，结合下文的解释，此处意译为 "一幅有特殊内涵的画"。——编者注

28

三个音乐家
Three Musicians

1921年;布面油彩;203cm×188cm;费城美术馆(加勒廷收藏)

痛恨战前的动乱状态的保守派批评家们在回归传统的鼓舞下很快忘却了立体主义。

1921 年，毕加索在枫丹白露（Fontainebleau）画了一幅以喷泉边的三个女人为主题的大型布面油画，这幅画以一种笨拙的古风趣味契合了"女性即是源泉"这一传统主题（图 29 与此相关）。与此同时，他还画了这幅《三个音乐家》，这是一幅能与绚丽的晚期立体主义作品相媲美的画作。毕加索做出了极为清楚的声明：他在回归古典主义的过程中并没有抛弃战前的立体主义。

特奥多尔·雷夫（Theodore Reff）曾把《三个音乐家》巧妙地解读为对战前立体主义那段令人心醉的岁月的一种致敬和怀念。1918 年，阿波利奈尔死于流感，而毕加索的另一位诗人盟友马克斯·雅各布则皈依宗教去了一个天主教修道院。所以这位艺术家感到非常孤独。《三个音乐家》的主题表面上看是在法国上流社会中盛行一时的假面舞会。但雷夫认为这三个人是之前的"毕加索帮"，雅各布作为修道士（monk）在右边，阿波利奈尔作为皮洛（白衣小丑）在中间，很显然，毕加索则扮成了夏力（彩衣小丑）。这些亲密的同伴离开后留下的空白将会由年轻一代的超现实主义诗人填补。

图 29
喷泉边的三个女人

1921 年；布面油彩；
19cm×24cm；
伯格鲁恩收藏，国家美术馆，伦敦

29

情人
The Lovers

1923年;布面油彩;130cm×97cm;国家美术馆(切斯特·戴尔收藏),华盛顿特区

图 30
斯特拉文斯基肖像

1917 年;铅笔;
27cm×20cm;
私人收藏,纽约

1916 年,毕加索为芭蕾舞《欢庆游行》设计的幕布让公众第一次瞥见了他回归古典主义,从那时起,他对古典风格的运用在剧院的语境中得到了最好的理解。让·科克托是毕加索和戏剧界之间的关键中间人,他沉迷于模仿各种过去的风格。他对戏剧风格的看法与毕加索非常相似。

表面上看,《情人》的古典主义似乎无可非议:干脆利落的线条和纯净的颜色,这些克制的表现方式无疑是古典的。这对相拥的夫妇拥有清晰的轮廓和大理石般的肌肤,看起来像是某位古代雕刻家的作品。然而,我们对这幅画的感知因其出自戏剧场景而有所改变。这对情侣是由演员扮演的,而且他们的爱情也是虚假的,甚至这种风格本身也只是一种艺术上的创造罢了。

当代批评家们意识到,像《坐着擦脚的女人》(图 28)那种极度膨胀的人体近乎一种(对古典风格的)戏仿,而《两个沐浴者》(图 8)尽管声称具有古典气息,但画中那怪异扭曲的人体与任何古典美的标准都相去甚远。此外,我们还看到了毕加索在战后如何在立体主义和古典主义之间任意转换。因此,毕加索的"回归秩序"远非直截了当的回归。

30

奥尔加的肖像
Portrait of Olga

1923年;布面油彩;101cm×82cm;国家美术馆(切斯特·戴尔收藏),华盛顿特区

图31
戴羽毛帽的奥尔加

1920 年；铅笔明暗，炭笔勾勒；
61cm×48.5cm；
毕加索博物馆，巴黎

　　毕加索在罗马爱上了一位俄罗斯芭蕾舞团的舞蹈演员，她是一位俄国陆军上校的女儿——奥尔加·科克洛娃。他陪她去了巴塞罗那并且决定在 1918 年的夏天结婚。随后，这对夫妇搬到了波依蒂街上的一套时髦公寓里，这反映出当时毕加索手头渐渐宽裕。

　　奥尔加的古典美使她成为毕加索艺术风格转变时的理想伴奏。1920 年的一幅铅笔素描（图 31）描绘了她优雅的轮廓。人物轮廓借鉴了安格尔冷峻精确的线条。这位 19 世纪大师的古典主义作品里散发出一种简朴、刻板的完美。在 1923 年的《奥尔加的肖像》中，这位模特坐姿优雅，略带一些傲慢气质，清冷与端庄完美结合，从中透露出毋庸置疑的贵气。虽说是古典的，但它在主题和风格上绝对是现代的：肆意自如的勾画，直接薄涂上色再加上划痕的表面，这些都会使安格尔大为震惊。

　　在这十年的后半段，他们的关系恶化了。奥尔加，这位之前的古典美人，现在以一个尖叫的暴怒女人形象出现在他的艺术里！

31

弹曼陀林的女人

Woman with a Mandolin

1925年;布面油彩;130cm×97cm;曾藏于亚历山大·保罗·罗森伯格

　　这个主题可以追溯到第一次世界大战前的立体主义：毕加索在1909年第一次描绘这个主题，并在次年画下《弹曼陀林的少女》(图5)。画面抒情沉思的气质让人想起柯罗(Corot)，他的画中农家女孩摆弄乐器的迷人形象是创作这个常见的立体派主题的主要动力。柯罗有24幅人物画在1909年的秋季沙龙展出。

　　这场战争的后果之一是法国人对任何外来事物都充满偏执的猜疑，包括立体主义。在这样的背景下，柯罗的声誉高涨，因为他的作品中冷静节制的艺术风格代表了真正的法式品质。作为一名西班牙人，毕加索不免要对这种法式主张保持警惕；不过，从1917年开始，柯罗式的母题就又渐渐回到了他的作品中。

　　在《弹曼陀林的女人》中，不仅这个主题让人想起柯罗，而且人物直立的姿势和面部的处理也暗示了古典来源。然而，这件作品还结合了综合立体主义的大面积色块。也许是毕加索试图混淆立体主义和古典主义之间的区别，从而使自己能够重新利用柯罗的这个主题。在一些包括古典胸像和乐器的立体派静物画中，情况更为明显。然而，将这幅画以及类似的《斜倚击鼓的舞者》(*Reclining Dancer with Tambourine*)与战争间期巴黎画派的艺术家们画的几十幅带有一丝立体主义风格的女性裸体相比，并没有什么不合适之处。

32

三个舞者
The Three Dancers

1925年;布面油彩;215cm×143cm;泰特美术馆,伦敦

图 32
四个芭蕾舞者

1925 年;钢笔和墨水;
35cm×25cm;
现代艺术博物馆,纽约

"我们毫不犹豫地认为他[毕加索]是我们当中的一员",1925 年,安德烈·布勒东在一篇名为《超现实主义和绘画》的文章中这样宣称。这位超现实主义领袖在他的文章旁边附了《三个舞者》的插图,借以证明他接受了毕加索。

将《三个舞者》与同一年的另一幅画《四个芭蕾舞者》(图 32)相比较,可以看出,一个是阿波罗式的安详完美,而另一个则是狄奥尼索斯式的躁动不安。尼采在《悲剧的诞生》(*The Birth of Tragedy*)中描述了古典文化中的这两个对立面,毕加索青年时期在巴塞罗那可能读过这本书。

《三个舞者》的中心人物采用了被钉死在十字架时的姿势,这无疑传递出了一种悲剧性的、仪式化的气氛。然而,这幅画在许多方面都指代不明。顺着毕加索提供的线索,有人提出这幅画具有自传层面的意义:暗示了它隐约与卡萨吉玛斯的死有关,对卡萨吉玛斯的记忆可能因另一位画家朋友拉蒙·皮切特(Ramon Pichot)不久前的离世而再次浮现。他的妻子热尔梅娜似乎是卡萨吉马斯的情人——卡萨吉马斯因阳痿而自杀,因此画中出现了雌雄同体的形象和惨遭阉割的暴怒女人。突出的门把手成了一个私人符号,将再次出现在毕加索后期的超现实主义作品中。

《三个舞者》并不像马松(Masson)或恩斯特这样的超现实主义画家那样致力于寻找一种等同于自动写诗(无目的地记录下无意识思维)的绘画方式。尽管布勒东的主张还不成熟,但这幅画确实产生了他想要的效果:在接下来的十年里,毕加索主要从超现实主义中获取艺术灵感。

33   浴女坐像
Seated Bather

1930;布面油彩;164cm×130cm;现代艺术博物馆,纽约

　　1930年，超现实主义作家乔治·巴塔耶（Georges Bataille）写道，"'古典时代'这个词语今天所传达的意思是对理想和秩序的一场古怪而致命的颠覆"。他的话可以极为贴切地用来形容《浴女坐像》，这幅画唤起了人们对古典母题的记忆，以便肢解这一浴女形象。由阿里斯蒂德·马约尔（Aristide Maillol）塑造的经典形象《地中海》（*The Mediterranean*），可能就是毕加索着手颠覆的具体对象（1929年由法国委托完成的一个大理石版本）。

　　《浴女坐像》采用了中空形式，看上去坚实而且骨骼分明。一副险恶的面孔，再加上木棍般的手臂，让人想起了超现实主义者对螳螂的迷恋。罗歇·凯卢瓦（Roger Caillois）在超现实主义期刊《米诺陶》（*Minotaure*）中写道，他对螳螂这种怪异的拟人化现象以及它甚至在切断头的情况下还能活动的能力感到惊奇。

　　毕加索把一个沐浴者变成了一个野兽般的机械装置，散发着古典时代的气息。第二年，他遭到了一名支持马约尔的右翼分子瓦尔德马尔·乔治（Waldemar George）的攻击，他抗议说："毕加索的幻想怪物注定是愚蠢的静物……是形式和色彩的组合，它既不是能量的来源，也不是地中海文明的重心。

海边人物（亲吻）
Figures by the Sea（The Kiss）

1931年;布面油彩;130.5cm×195.5cm;毕加索博物馆,巴黎

毕加索并没有向昔日盟友的攻击屈服(参见彩色图版33的讨论)。就在瓦尔德玛·乔治对他进行猛烈抨击的1931年，毕加索描绘了他毕生作品中最为畸形丑陋的两个人物形象。《海边人物》再一次与地中海的广阔相对照。然而这一次，毕加索可能已经看到过罗丹(Rodin)表现感官之爱的宏伟巨作了。

充满爱意的拥抱变成了两个对手之间致命的决斗，他们都试图吞噬对方。它们愚蠢的动物脑袋上没有眼睛，因此无法看见对方(爱情是盲目的！)。它们挥舞的四肢形状像肋骨，骨架分明且死气沉沉，但同时也像海绵那样鼓鼓囊囊且富有弹性。在一篇关于螳螂的文章中，罗歇·凯卢瓦注意到雌性螳螂会在性交中吞食雄性螳螂，他说，他对这种习性的兴趣源于它在死亡和做爱之间建立的联系，源自我们"矛盾的预感——在对方身上找到自己"。

1933年，毕加索在一本速写本上画满了成对的人物素描。这一次，肢体经过了彻底的变形，变成了分节的昆虫。同年，画家更为异想天开地创作了《解剖》(图33)，它刊载在《米诺陶1》上。这些显然借鉴了阿尔贝托·贾科梅蒂(Alberto Giacometti)的超现实主义集合雕塑。

图 33
解剖

1933 年；铅笔；
同年刊载在《米诺陶 1》上

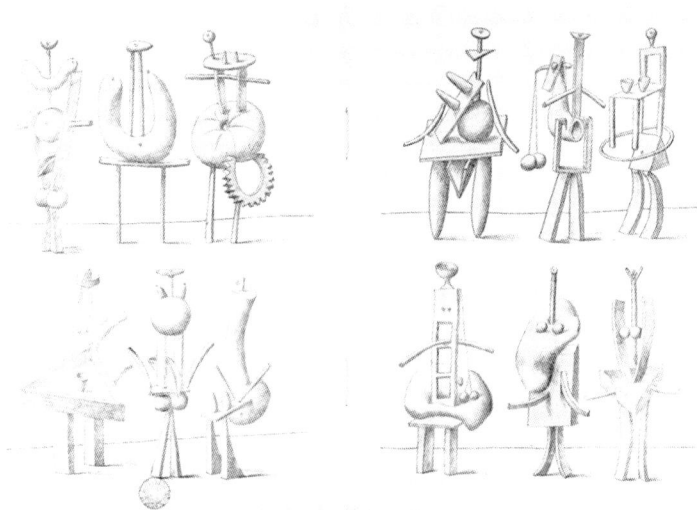

35 雕塑家

The Sculptor

1931年;胶合板上油彩;128.5cm×96cm;毕加索博物馆,巴黎

  《雕塑家》是一幅复杂的图画。它包含了许多不同的视觉再现现实的方法：彩点与新印象主义的绘画有关；右下角是用视错画法模仿的大理石；地板暗示了一个具有透视效果的空间，但不同的地板却互相矛盾。然而，主要的对比是在艺术家对面的一个古典胸像和一个超现实主义人像之间，后者由圆形的有机形状组成，位于画家和古典胸像之间的一个基座上。

  在这个颠倒的世界的中心，坐着一位沉思的雕刻家，他的头部结合了两种不同的视角：侧面和全脸（雕塑家像雅努斯神一样有两张面孔，他既面对着半身像，又面朝着观众）。换句话说，雕塑家自己似乎就像他的两个雕塑作品一样具有双重人格。的确，随着他的右臂变成章鱼的形状，人们意识到他是海神普罗透斯（Proteus）——或者是毕加索，可以同时成为古典主义者和超现实主义者。（当谈及自己频繁变化的风格时，显然毕加索认为他自己在某种程度上就是普罗透斯。）

  1927 年，毕加索创作了几幅以工作室里的艺术家与模特为主题的蚀刻版画，作为巴尔扎克出版于 1931 年的寓言《无名的杰作》的插图。1933 年，这一主题再次出现在《沃拉尔》系列蚀刻版画中。

36

红色扶手椅上的裸女

Nude Woman in a Red Armchair

1932年;布面油彩;130cm×97cm;泰特美术馆,伦敦

　　毕加索不仅对安格尔朴素冷峻的古典主义做出了回应（图31）。他还关注安格尔描绘东方风情的作品里所隐藏的情色暗流以及画中宫女蜡质一般的柔韧性。用罗伯特·罗森布卢姆（Robert Rosenblum）的话来说，这些宫女"通过弯曲和扭转的身姿来同时满足美学和情色的需求"。追溯来源，马蒂斯很显然曾在第一次世界大战之后的十年里再次采用了宫女这一主题。

　　在《红色扶手椅上的裸女》里，毕加索把他年轻的情人玛丽－泰蕾兹·瓦尔特变成了一个安格尔式的宫女，但避开了所有东方主义的痕迹：通过异域风情和诱人魅力来表现女性气质。这个女人大理石般洁白的肌肤微染上紫罗兰色，增强了她的神秘感。毕加索用超现实主义的手法滤掉了安格尔作品中大胆的扭曲：性感的大腿被椅子的卷轴形"手臂"紧紧拥抱，乳房变成成熟的果实，而手臂似乎像植物一样发芽。琳达·诺克林（Linda Nochlin）赞许地评论道，毕加索创造了一个"伟大的繁殖循环"：欲望、受精（施肥）和成长。有点让人难以接受的是，人们可能会注意这种植物性的隐喻源于毕加索对女性身体的被动和顺从的幻想。

37

睡在扶手椅中的女人（梦）

Woman Asleep in an Armchair（The Dream）

1932年;布面油彩;130cm×97cm;维克多·W.甘兹夫妇收藏,纽约

图 34

镜子前的女孩

1932 年；布面油彩；
162.5cm×130cm；
现代艺术博物馆，纽约

这幅画探讨的是超现实主义里极为宝贵的主题：梦的状态。此时的玛丽–泰蕾兹·瓦尔特一副睡意沉沉的样子，正陷入性爱的遐想中。起伏的轮廓从头部一路向下经过肩膀、项链和手臂（并且徘徊在波纹图案交错的紧身胸衣上），表现了模特沉浸在无意识中的样子。

卡尔·荣格（Carl Jung）在 1932 年观察到，"在毕加索的最新作品中，通过直接将对立面并置，使得对偶联合（union of opposites）这个主题极为清晰地展现出来"。《睡在扶手椅中的女人》的头部结合了侧脸和全脸的视角；模特既穿着衣服又相当裸露；背景也一分为二。琳达·诺克林补充道，模特身体的紫色色调"本身就是一种将对立面混合在一起的产物"，紫色是红色和蓝色的混合。这个形象演绎出的睡眠和清醒的双重性让人想起了安德烈·布勒东对超现实主义的著名定义："我相信梦境和现实这两种看似如此矛盾的状态，将来可以转变成某种绝对的现实，一种超现实……"

《镜子前的女孩》（图 34）将一个女孩和她的镜像并置在同一个画面中，进一步说明了荣格的"对偶联合的主题"。卡拉·戈特利布（Carla Gottlieb）指出这样的镜子其实叫作"心灵"（psyché），因而玛丽-泰蕾兹事实上正在凝视她自己的心灵——凝视自己的无意识。

38

缪斯女神
The Muse

1935年;布面油彩;130cm×165cm;乔治·蓬皮杜中心,国立现代艺术博物馆,巴黎

在 1933 年两幅单独的素描里，首次出现年轻女性正在绘画的母题，而它的灵感来自工作室里的男艺术家这一主题（见彩色图版 35）。人们可能会对它的出现感到困惑，因为除此之外，在毕加索的作品中，艺术创作很明显是男性化活动。但是这幅画很可能只是将这位女性作为绘画的象征呈现，只具有象征意义上的能力。在《缪斯女神》里，第二个瞌睡的女人位于第一个女人（她凝视着一面镜子）的旁边。她们的手的形状像麦穗，再一次强调了女性特质与充满创造力的、植物般生长的无意识之间的联系（见彩色图版 36 和 37）。

《缪斯女神》将工作室理想化，变为一个远离外界的宁静处所，它被一个屏风遮住了。创造性活动总是呈现出自我封闭的状态。实际上在 1935 年，现代艺术的"象牙塔"遭到了攻击。一些艺术家由于法西斯主义的威胁，放弃了被认为深奥的现代艺术，而以一种更容易理解、更具有政治意味的方式作画。毕加索的危机是如何在既不放弃现代艺术又不将其简化为一种政治宣传的情况下进行创作。他成功地摆脱这个困境的途径就是《格尔尼卡》（图 1）。

39　哭泣的女人

Weeping Woman

(图11的局部);1937年;布面油彩;54cm×44.5cm;泰特美术馆,
伦敦

　　《哭泣的女人》创作于《格尔尼卡》之后，源于一组为一个心烦意乱的女人画的头部素描。这些素描展示了人类在情感作用下面部扭曲时的奇异样子。毕加索痴迷地描绘了张开的嘴发出撕心裂肺的尖叫时的每一个细节。一些习作显示这张脸就像狒狒一样。这场"哀悼者的合唱"集中表达了对惨无人道的战争不堪忍受的心情。

　　如果有什么不同的话，那就是《哭泣的女人》的效果得到了进一步的加强。前文介绍的众多作品的精致配色已经展现出了一种刺目的表现主义风格。观者的注意力首先落在张开哭泣的嘴巴和被手帕边缘围住的手指上。这部分，就像画中画那样填满了"Z"字形的图纹。这些冲击波的的确确打破了一个优雅的巴黎女人的平静，女子泪如泉涌；事实上，她的眼睛就像在波涛汹涌的大海上颠簸的小船。当冲击波逐渐向外扩散时，它甚至会扭曲周围的空间。

　　《哭泣的女人》描绘了极为重要的一刻。毕加索从远处目睹了西班牙发生的暴行，并记录下了战争的恐怖。这是为了表达我们对于一个事件——轰炸格尔尼卡（毕加索之前画过这个主题）的愤怒。

40

猫吞食鸟

Cat Devouring a Bird

1939年;布面油彩;97cm×129cm;维克多·W.甘兹夫妇收藏,纽约

.

　　《猫吞食鸟》是在欧洲历史上一个不祥的时刻创作的：1939 年 1 月，巴塞罗那向佛朗哥军队投降；同年 9 月，德国的战争机器大批进入波兰。

　　一只可怕的猫用尖牙利爪将那可怜的受害者开膛破肚（画布表面上的抓痕模拟了这种攻击）。它对暴力所有可怕的渴望都集中表现在头部，正如罗兰·彭罗斯指出的，"它既是残忍的动物又是令人不安的人类"。曾经骄傲的公鸡被屈辱地翻过来，在向狂暴的攻击屈服前发出最后的尖叫。整个故事发生在屋顶上，并且是从仰视的角度描绘的，所以这只猫似乎被无限放大了。猫的身上描绘了迷彩条纹，它如同一股不可阻挡的强大破坏力阴森地朝我们压了过来（两腿间的空间形状像斧刃一样）。

　　蜷缩在炉边的猫咪展现的是一幅温暖惬意的家庭生活画面。但在这一刻，这只温顺的家庭宠物会变成一个邪恶无情的捕猎者。正是在文明社会中爆发的野蛮行径使毕加索能够从这样的场景里提取出一个令人信服的象征，来揭露这只本土法西斯主义野兽——随后它就将在法国爆发（尽管在把公鸡解读为法国之前我们也许应该稍加思索）。在《格尔尼卡》中，公牛以同样矛盾的方式代表邪恶的力量。

41

戴鱼帽的女人
Woman in a Fish Hat

1942年;布面油彩;100cm×81cm;阿姆斯特丹市立博物馆

被德国人占领的那几年里，毕加索在作品中以一种极端的方式重塑人脸。这令人非常不安，就好像这个模特本人也遭到了连续的猛击和切割。有人怀疑这些形象以荒谬的暴力准确地反映了当时生活的丑陋。然而，有时候这些模特的头像却出乎意料地充满诗意，甚至看起来有些滑稽好笑。

朵拉·玛尔的肖像画贯穿了这一情感丰富的阶段：在《哭泣的女人》（彩色图版 39）中，她的脸因为失控的悲伤而变形，而在《戴鱼帽的女人》里，她第一眼看上去完全是一个异想天开的形象。1939 年 3 月 11 日的一幅画中，毕加索首次设想将静物和肖像融合在一起，他创作了三顶同样奇特的帽子——其中一顶用羊排、刀和叉交错装饰帽檐。随后创作的这幅鱼帽画可能与那时在巴黎运作的食物配给制度有关。

皮埃尔·戴克斯认为这幅画是以一种幽默的方式表现当时紧张的氛围。但是朵拉·玛尔——脸色苍白，目光犀利，嘴唇紧闭，双手紧握放在膝盖上——自己就是一幅紧张的图画。而且幽默中也带有一丝恶意：模特的大鼻子是艺术家那阿富汗猎犬——卡斯贝克的鼻子！

42

水罐、蜡烛和砂锅
Pitcher, Candle and Casserole

1945年;布面油彩;82cm×106cm;乔治·蓬皮杜中心,国立现代艺术博物馆,巴黎

毕加索首先是一个人物画家,尽管如此,静物画有时候在他作品里也至关重要。第二次世界大战期间就是这样。而《水罐、蜡烛和砂锅》是在法国获得解放后创作的,但它朴素的画风仍然暗指了物资严重缺乏的情况,这是纳粹占领下的日常生活的现实。其创作目的具有纪念意义:蜡烛象征着死亡。

这些不太起眼的事物、巧克力棕的桌子和昏暗的墙壁都让人想起17世纪勒南(Le Nain)兄弟朴实的现实主义画风。毕加索并没有回避立体主义赋予的扭曲自然外观的自由:桌子的两条侧边在画面中向纵深后退时是逐渐分开而不是(按照近大远小的原则)逐渐会聚,重新回归打破透视的立体主义视角。《水罐、蜡烛和砂锅》令人难忘的原因之一在于将器具拟人化,尤其是水罐。毕加索很早就注意到了无生命物体变形的潜力,正如1919年的一幅水罐静物画表现的那样,这在超现实主义出现后变得更加明显。

43 塞纳河畔的女人，仿库尔贝

Women on the Banks of the Seine，
After Courbet

1950年;胶合板上油彩;100.5cm×201cm;巴塞尔美术馆

　　毕加索各个时期的艺术都能与敏锐的历史意识产生共鸣，这在第一次世界大战之后的几年里最为明显（见彩色图版 27）。当这种与往昔的交融在后来的岁月中再度出现时，毕加索采用了与"老大师"（Old Master）单独交流的形式。

　　毕加索以古斯塔夫·库尔贝（Gustave Courbet）的一幅画——《塞纳河畔的少女》（Les Demoiselles des Bords de la Seine）为出发点，描绘了两位在塞纳河畔休息的半裸风尘女子。在她们身后是一艘停泊在岸边的平底船。推测来看，她们的顾客虽然不在画面中，但可能处在观众的位置。可能在《阿维尼翁的少女》中，毕加索也意识到了这层相似的关系。

　　在改编的过程中，先前在改编埃尔·格列柯的《画家肖像画》（Portrait of a Painter）中使用的一种华丽的装饰风格现在被毕加索用来点缀库尔贝的作品。这个颜色设计也来自埃尔·格列柯（他的画作对《阿维尼翁的少女》产生了巨大的影响）。如果是这样的话，无法想象这两位陌生的艺术家能够组合在同一张作品中：一位是 17 世纪的西班牙宫廷画家，以高度风格化的方式作画；另一位是 19 世纪激进的社会主义者，他的名字常常与现实主义等同起来。对于毕加索来说，他完全有可能在作品中同时包含这两种艺术风格。他的生活方式也在这个奇特的组合里：他既是共产党的一员，但又偏偏是个住在城堡里的千万富翁。

44

山羊的头骨、瓶子和蜡烛
Goat's Skull, Bottle and Candle

1952年;布面油彩;89cm×116cm;泰特美术馆,伦敦

　　《山羊的头骨、瓶子和蜡烛》是毕加索对1951—1952年创作的一个集合雕塑的描绘。静物画（*nature morte*）和死亡之间似乎存在着某种内在联系。当然，死亡象征（*memento mori*）是静物画的主要题材之一。西班牙有着久远的静物画传统，这些传统常被毕加索加以运用。

　　山羊（图35）通常是纵欲的象征，但在这里它的意义转换为对死亡的残酷提醒。常规来说，蜡烛是稍纵即逝的象征，同时也是光明的来源，但在此处它和头骨一样，旨意也很模糊：在更为仔细的观察以后，我们看到相比起蜡烛带来的光明，它似乎投射出更多的阴影，而且画中的光线就像突出的钉子那样尖锐。

　　因此这幅画乍一看似乎只是简单的黑白对比画，实际上却是由各种不同的灰色调子组成的。透过毕加索的作品可以看到，即使是最常见的符号，其意义也未必都是固定的，并且事实上可能相反。在绘画的结构层次上，他同样采用了后期立体主义风格，设法使空间更加模糊多变。在这幅和上一幅作品里，粗重的线条产生了彩色玻璃窗的效果。

图35
山羊头骨

1951年；钢笔、水墨；
50.5cm×66cm；
伯明翰博物馆和美术馆

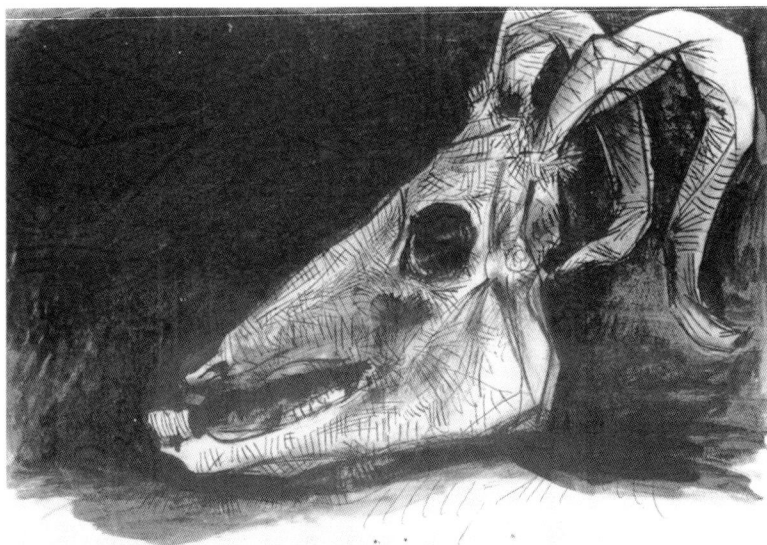

45

烟鬼
The Smoker

1953年;布面油彩;188cm×153cm;1989年5月10日,纽约佳士得拍卖行拍卖售出

图 36
坐着的女性裸体

1956 年;
101cm×77cm;
波士顿美术馆（丹尼尔·塞登博格夫妇拟赠）

在毕加索死后的几年里，他晚期的作品并没有太大的名气，但现在这种情况已经改变了。新近的绘画倾向于模仿过去的艺术，这意味着毕加索对"老大师"的改编作品现在看起来更具"相关性"。同样地，毕加索晚期用生涩的手法创作的裸体画突然与20世纪80年代的人物画也具有了对应关系。

毕加索许多晚期作品中富含的生命力和散发的光彩堪比凡·高。尽管不够精细，但《烟鬼》采用的饱和的原色和充满活力的上色手法却彰显了画家豪放大胆的风格。人物粗壮的四肢有一种近乎滑稽的宏伟感。毕加索用更夸张的方式组合了侧脸和全脸这两个视角，因此同一时间无论从哪个方向上看，这个烟鬼的脸部都是不确定的。

《坐着的女性裸体》（图 36）也为一些更基本的元素而牺牲了人物的优雅，就像毕加索在开始画《阿维尼翁的少女》时所做的那样。事实上，在头部周围出现的平行划痕也可以追溯到这个时期；它们也与麻胶版画——毕加索晚期最为声名大噪的一些作品都是通过这个方式创作的——中的凿痕有关。

46

阿尔及尔的妇女，仿德拉克洛瓦

Women of Algiers, After Delacroix

1955年;布面油彩;114cm×146cm;维克多·W.甘兹夫妇收藏,纽约

毕加索对罗兰·彭罗斯说过："马蒂斯去世后把他的宫女系列画作作为遗产留给了我，这就是我对东方的看法，尽管我从来没有去过那里。"马蒂斯于 1954 年 11 月 3 日去世。不久之后毕加索开始改编德拉克洛瓦的《阿尔及尔的妇女》，一共创作了 15 幅相关的系列组画，并在 1955 年 2 月 14 日以右图这幅画作为收官之作。

德拉克洛瓦并不仅仅是宫女这一题材的来源，他也是法国的色彩大师，并且是这一绘画传统的先驱，马蒂斯就是其传承者。另一方面，毕加索更倾向于将自己定义为重形式而轻色彩的艺术家（这是他在分析立体主义发展的一个结果）。因此，马蒂斯留给他的遗产是一种起源于德拉克洛瓦的艺术传统，这也是毕加索艺术的回归之处。马蒂斯和毕加索两人是劲敌，但毕加索又对马蒂斯满怀敬意，这足以显示画家矛盾的性格。

在部分《阿尔及尔的妇女》的改编作品中，毕加索略去了画面原来饱满而强烈的色彩，打破了人物形象。当色彩最终得以回归到画面当中的时候，它已经融入一个完全属于毕加索的立体主义空间中。之后毕加索根据雅克-路易·大卫（Jacques-Louis David）的《抢夺萨宾妇女》改编了一系列作品（图 13），有力地展示了毕加索与其先辈在艺术上的激烈交锋。两位男性战士可以解读成毕加索和他的前辈——大卫。这个俄狄浦斯式（oedipal）场景是通过画面当中的那位母亲的身体演绎的。

据说在毕加索的《阿尔及尔的妇女》里，左边打扮得像僧侣的宫女是雅克利娜，他的最后一任妻子。她为毕加索大量的晚期裸女作品提供了源源不断的灵感。

a）用山羊头装饰的瓷盘
Ceramic Plate, Decorated with a Goat's Head

b）春天
Spring

1956年;布面油彩;130cm×195cm;私人收藏,巴黎

在经历了阴郁的战争岁月后，毕加索回到了法国南部，这里四处散落着罗马文明的遗迹，再加上宜人的天气，特别适合被描绘成神话般的天堂。1946 年，毕加索在昂蒂布创造了一个阿卡迪亚（Arcadia）式的世外桃园，并将宁芙、农牧神和马人描绘其中，这让人想起马蒂斯。《春天》里，农牧神沐浴在正午的阳光下，正在树下沉睡，此时一只山羊在采摘新鲜的嫩芽，体现了这些作品中悠然闲适的精神。毕加索作为抵抗运动的英雄和最为著名的现代艺术家，也在为沐浴成功的喜悦做着准备。

在瓦洛里斯，陶器制作是一门传统工艺。毕加索从 1947 年开始钻研装饰陶器，利用彩绘陶器的内涵重建了一个古代神话世界——盘子上装饰了一只模样古怪的山羊，恰当地将媒介与个中信息结合在一起。陶瓷由毕加索设计，再由当地工匠制作，成品多达 500 余件；在战后年代里他的作品市场需求巨大。

48

艺术家和他的模特
The Artist and His Model

1963年;布面油彩;私人收藏,巴黎

毕加索在晚年的时候眼界逐渐缩小，回到了"工作室里的艺术家"这一主题（见彩色图版 35）。这类作品的焦点是两位主人公的相遇：艺术家和他的女模特——通常与毕加索晚年的妻子雅克利娜有相似之处。

《艺术家和他的模特》被一块画布的边缘分成两个区域，在画家和他那位性感的模特之间形成了一道坚不可摧的屏障。画中出现了一种奇怪的倒置：画家似乎是个盲人，而警觉的模特则目光灼灼。画面里所有的暖色调和高昂的热情都集中在她这边。画架上向上延伸的双支架就像一个米诺陶的头部——艺术家也与他以前的另一个自我隔绝了。

画布把这对男女分开，但也将他们隐喻性地结合在一起。雅克利娜的洁白肉体是裸露的画布，上面并未着色，因此绘画的行为相当于抚摸或拥抱她。

毕加索以伦勃朗的《夜巡》（*The Night Watch*）中站在画面中心的蓄须民兵的形象出现。他像一名斯多葛式（stoical）的艺术战士一样专注地画画。从 1901 年的《自画像》（彩色图版 1）到这幅画，毕加索已经多次为自己树立了英雄般的形象。

"彩色艺术经典图书馆"系列介绍

这是一套系统、专业地解读艺术，将全人类的艺术精华呈现在读者面前的丛书。

整套丛书共有 46 册，精选在艺术史中占据重要地位的 38 位艺术家及 8 大风格流派辑录而成，撰文者均为相关领域专家巨擘。在西方国家，该丛书被奉为"艺术教科书"，畅销 40 多年，为无数的艺术从业者和艺术爱好者整体、透彻地了解艺术发展、领悟艺术真谛提供了绝佳的途径。

丛书中每一册都有鞭辟入里的专业鉴赏文字，搭配大尺寸惊艳彩图，帮助读者深入探寻这些生而为艺的艺术大师，或波澜壮阔，或戏剧传奇，或跌宕起伏，或困窘落寞的生命记忆，展现他们在缤纷各异的艺术生涯里的狂想、困惑、顿悟以及突破，重构一个超乎想象而又变化莫测的艺术世界。

无论是略读还是钻研艺术，本套丛书皆是不可错过的选择，值得每个人拥有！

以下是"彩色艺术经典图书馆"丛书分册：
（按书名汉字笔画排列）

凡·高
威廉·乌德 著

马奈
约翰·理查森 著

马格利特
理查德·卡沃科雷西 著

戈雅
恩里克塔·哈里斯 著

卡纳莱托
克里斯托弗·贝克 著

卡拉瓦乔
蒂莫西－威尔逊·史密斯 著

印象主义
马克·鲍威尔－琼斯 著

立体主义
菲利普·库珀 著

西斯莱
理查德·肖恩 著

达·芬奇
派翠西亚·艾米森 著

达利
克里斯托弗·马斯特斯 著

毕加索
罗兰·彭罗斯
大卫·洛马斯 著

毕沙罗
克里斯托弗·劳埃德 著

丢勒
马丁·贝利 著

伦勃朗
迈克尔·基特森 著

克里姆特
凯瑟琳·迪恩 著

克利
道格拉斯·霍尔 著

拉斐尔前派
安德烈娅·罗斯 著

罗塞蒂
大卫·罗杰斯 著

图卢兹－劳特累克
爱德华·露西－史密斯 著

庚斯博罗
尼古拉·卡林斯基 著

波普艺术
杰米·詹姆斯 著

勃鲁盖尔
基思·罗伯茨 著

莫奈
约翰·豪斯 著

莫迪里阿尼
道格拉斯·霍尔 著

荷尔拜因
海伦·兰登 著

荷兰绘画
克里斯托弗·布朗 著

夏尔丹
加布里埃尔·诺顿 著

夏加尔
吉尔·鲍伦斯基 著

恩斯特
伊恩·特平 著

透纳
威廉·冈特 著

高更
艾伦·博尼斯 著

席勒
克里斯托弗·肖特 著

浮世绘
杰克·希利尔 著

康斯太勃尔
约翰·桑德兰 著

维米尔
马丁·贝利 著

超现实主义绘画
西蒙·威尔逊 著

博纳尔
朱利安·贝尔 著

惠斯勒
弗朗西丝·斯波尔丁 著

蒙克
约翰·博尔顿·史密斯 著

雷诺阿
威廉·冈特 著

意大利文艺复兴绘画
莎拉·埃利奥特 著

塞尚
凯瑟琳·迪恩 著

德加
基思罗·伯茨 著